Günter Langer, Darsteller ohne Bühne

Margit Weber
Potsdam, August '99

D1717701

Günter Langer

# Darsteller ohne Bühne

## Anleitungen zum Rollenspiel im Unterricht

Klett und Balmer

Erste Auflage 1989
Alle Rechte vorbehalten
Fotomechanische Wiedergabe nur
mit Genehmigung des Verlags
© Klett und Balmer & Co. Verlag, Zug (Schweiz)

Umschlag: H+C Waldvogel, Zürich
Satz: Allprint AG, Zürich
Druck: Hasler + Hotz AG, Steinhausen
Printed in Switzerland
ISBN 3-264-83006-X

# Inhalt

# Vorwort

Rollenspiel wird in diesem Buch als Erziehungsmittel dargestellt und diskutiert. Es hat im Unterricht eine belebende Wirkung und bereitet Lernende auf die Realität vor.

Der Einsatz des Rollenspiels wurde bisher von dem Lehrer und der Lehrerin nach eigenem Verständnis vorgenommen, das heißt, sie entwickelten für sich ein Grundmuster und wendeten es danach an. So entstand eine Vielfalt von Durchführungsprogrammen, die eher eine Irritation auslösten.

Das hier vorgestellte Modell will dieses Defizit abbauen. Durch die Einführung eines einheitlichen Musters ist es jedem Lehrer und jeder Lehrerin möglich, ohne Vorkenntnisse ein Rollenspiel durchzuführen. Insofern wurden neben den theoretischen Erläuterungen die Hinweise zur praktischen Nutzanwendung besonders herausgestellt. Es geht darum, daß die Schüler in weiterentwickelnden Phasen langsam auf das Rollenspiel vorbereitet werden. Die Unterrichtsstoffe werden in darstellender Form angeboten, die mühelos vermittelt werden können. Der Einsatz dieses Modells ist für die Sekundarstufe I + II gedacht, und zwar für die Fächer Deutsch, Geschichte, Religion und für die Teilbereiche Technik, Konsum / Freizeit und Recht / Staat.

Im letzten Kapitel wird ein Verfahren vorgestellt, wie im Literaturunterricht Theatertexte gespielt werden können. Dabei ist nicht an eine Bühnenaufführung gedacht, sondern an eine Weiterführung der bisher üblichen Lesung mit verteilten Rollen. Es wird gezeigt, wie eine improvisierte szenische

Darstellung auch im Unterrichtsraum möglich ist. Dabei steht die Dialogführung und der Einsatz von Gestik und Mimik im Mittelpunkt des Interesses.

Wenn die einzelnen Aufbauphasen des hier vorgestellten Modells der szenischen Darstellung von Theatertexten vorangestellt werden, kann dies bei den Schülern das künstlerische Potential freisetzen und zu einem Motivationsschub führen.

Außerdem wird den Schülern die Identifikationssuche erleichtert, weil sie sich in Figuren ausdrücken können, die normalerweise eine Vorbildfunktion haben. Durch das Darstellen von Theatertexten erlernen sie den Umgang mit festgefügten Verhaltensmustern und können durch das Kopieren von kommunikativen Inhalten Rückschlüsse auf ihre eigene Position in der menschlichen Gesellschaft ziehen. Weiterhin werden die Kunst des Sprechens und Zuhörens, aber auch rhetorische Fähigkeiten geschult und finden ihre Entsprechung in der Alltagswelt. Schließlich bilden die gespielten Theatertexte auch noch die Basis für weitergehende Diskussionen.

Das vorliegende Buch will den Lehrer und die Lehrerin nicht nur dazu ermutigen, das Rollenspiel im Unterricht einzusetzen, sondern darüber hinaus durch die entwickelte Methode eine praxisorientierte Hilfe anbieten.

G. L.

# Einführung

Der Begriff «Rollenspiel» ist der Theatersprache entlehnt und wird hier als Verkörperung einer Rolle verstanden. Ursprünglich wurde in der Antike der Dramentext auf eine handliche Schriftrolle geschrieben, die vom Schauspieler abgerollt werden konnte. Diese Umschreibung trifft aber nur auf die eine Hälfte der Begriffsbezeichnung zu, die andere, viel wesentlichere, deutet auf die Komplexität der Gesamtdarstellung hin.

Schauspieler verwandeln sich in einen Rollencharakter, indem sie Gesten und Tonfälle ausprobieren und dabei die Distanz zum eigenen Ich bewahren. Die stetigen Wiederholungen dieser Verhaltensmuster führen schließlich zu dem Gesamteindruck der zu verkörpernden Rolle. Eine Theaterrolle kann aber nur leben, wenn sie in den entsprechenden Rahmen gestellt wird, das heißt, daß sie in einem vorgegebenen Raum (Bühnenbild) agiert. Dieser Raum ist quasi ein Abbild der Realität mit künstlichen Mitteln. Einen wesentlichen Anteil an der Rollengestaltung hat aber auch der Text, der vom Dichter vorgegeben und vom Schauspieler auswendig gelernt wird.

Diese Vorbereitungen, die schließlich zur Aufführung des Gesamtkunstwerks führen sollen, finden unter Ausschluß der Öffentlichkeit statt.

Das eigentliche Erlebnis einer Theateraufführung kann aber nur zustandekommen, wenn eine Wechselwirkung entsteht. Auf der Bühne die Theaterinszenierung und im Zuschauerraum das Publikum. Die Inszenierung lebt durch ihre im Stück handelnden Personen. Sie interagieren miteinander im Rollenspiel. Dies geschieht in einem vom Regisseur festgelegten Rahmen.

Als Ganzes betrachtet stellt die Inszenierung den Interaktionspartner zum Publikum dar, welches seinerseits nicht miteinander interagiert. Im Mittelpunkt dieses Vorgangs steht die Aktion und Reaktion. Der Schauspieler auf der Bühne macht eine vorher erprobte und festgelegte Geste (Aktion) und das Publikum lacht oder klatscht Beifall (Reaktion). Für den Schauspieler kann die Reaktion durchaus den Charakter einer Kontrollfunktion haben. Durch Zustimmung wird er in seiner Rollengestaltung bestätigt. Die Ablehnung zeigt ihm, daß er nach Meinung des Publikums in seiner Rollengestaltung nicht der Realität entspricht. Übrigens kann die Ablehnung schon durch das nicht erfolgte Lachen oder ausbleibende Beifallsklatschen demonstriert werden.

Betrachten wir nun die andere Seite der Bühne, nämlich den Raum, in dem die Zuschauer Platz nehmen, so fällt auf, daß sie schon durch die Platzanordnung gezwungen sind, zu konsumieren. Dies ist jedenfalls der äußere Eindruck. In Wirklichkeit aber sind sie gekommen, um zu kommunizieren, das heißt, sie möchten sich in den dargestellten Personen wiederfinden können. Dabei ist es unerheblich, wie die Sitzreihen im Zuschauerraum angeordnet sind. Die Voraussetzung für eine erfolgreiche Kommunikation ist aber, daß der Zuschauer bereit ist, die auf der Bühne dargestellten Personen und ihre Handlungszusammenhänge zu assoziieren und dass er sich bestenfalls mit den Helden auf der Bühne identifizieren kann.

Insofern wird jeder Zuschauer sein persönliches Erlebnis mit nach Hause nehmen können. Ob er gewisse Informationen und Impulse, die er durch die Aufführung erhalten hat, in die Realität umsetzen kann, ist seine Sache. Es wäre schon viel, wenn eine Theaterinszenierung Denkanstöße vermitteln könnte. Um dies zu ermöglichen, wird in wochenlanger harter Arbeit gesucht, geprobt und festgelegt. Die größte, mit

Spannung erwartete Frage, ob die Stückinterpretation durch den Regisseur erfolgreich war und vom Publikum angenommen wird, findet ihre Antwort bei der ersten Aufführung. Das Zusammentreffen von Publikum und Bühnengeschehen zu einem gemeinsamen Erlebnis findet zwar zum ersten Mal statt, ist aber darüber hinaus einmalig und im Sinne der Kommunikation nicht wiederholbar. Lediglich die festgelegten Gesten, Gänge, Haltungen und Verhaltensweisen der Schauspieler können nicht dem Zufall überlassen werden. Und trotzdem ist eine Vorstellung nicht wie die andere. Wenn zum Beispiel in einer Vorstellung an einer Stelle gelacht wird und in einer anderen Vorstellung nicht, so beeinflußt dies natürlich auch das Bühnengeschehen.

Vielfach herrscht immer noch die Meinung vor, daß die Schauspieler den Text auswendig lernen, sich mit dem Regisseur über die Gänge einigen und dies einige Male wiederholen. Eine solche Probenarbeit interpretiert nicht das Stück, sondern gibt allenfalls bei der Aufführung ein Beispiel für auswendig gelernte Texte, die man dann auch hätte lesen lassen können.

Die Recherchen zu dem Stück durch den Regisseur, das Erstellen einer Interpretation und das Übertragen dieses Schemas auf die Probenarbeit sind die wichtigsten Punkte der Vorbereitung. Dabei zeigt sich, daß das Rollenspiel nur ein Mosaiksteinchen in dem großen Gebilde ist.

Zunächst soll an einer Vorlage aus der klassischen Literatur demonstriert werden, welche Aspekte der Regisseur in der Vorbereitung berücksichtigt. Diese Arbeiten finden vor den ersten Proben statt.

Nehmen wir als Beispiel «Maria Stuart» von Schiller. Zunächst wird der Regisseur das Stück lesen, und zwar nicht so, daß er sich vom Inhalt und der Sprache verzaubern läßt, sondern so, daß er versucht, sich während des Lesens die Räume, die Gestalten, die Farben der Kostüme, die Beleuchtung und das Agieren der Schauspieler vorzustellen. Dies ist gar nicht so schwer, wie es scheint. Das Training dieser Fähigkeiten besteht einfach darin, daß man das Stück einige Male liest, solange bis man es fast auswendig kennt. Hilfreich sind dabei natürlich die Beschreibungen und Regieanweisungen des Dichters.

Der Regisseur muß erkennen, warum der Dichter das Stück geschrieben hat, was er uns damit sagen will und ob es Parallelen zur Tagesaktualität gibt, die durch ihr bloßes Aufzeigen das Stück für den Zuschauer durchschaubarer machen.

Im Falle «Maria Stuart» wäre zum Beispiel zu untersuchen, ob Schiller dabei nur die Rivalität zweier Königinnen im Auge hatte, ob es ein Generationenkonflikt ist oder ob es sich vielleicht auch um das Aufeinanderprallen zweier unterschiedlicher politischer Systeme handelt. Alle Facetten der Auslegung sind natürlich in einer einzigen Inszenierung nicht unterzubringen.

Die größte Schwierigkeit besteht nun darin, sich für eine der möglichen Auslegungen zu entscheiden. Diese Weichenstellung muß der Regisseur vor Beginn der Probenarbeit vornehmen. Sie ist deshalb so wichtig, weil alle nachfolgenden Details davon abhängen.

Nehmen wir einmal an, die Entscheidung fällt zugunsten des Generationenkonflikts. Hier wird zweifellos das Alter der beiden Königinnen im Mittelpunkt stehen. Elisabeth wird die alternde, häßliche Königin sein, die ihren Zenith schon überschritten hat, während Maria durch ihre jugendliche Frische und Schlichtheit Elisabeth provoziert. Dies hat auch Auswirkungen auf die Kostüme, die Masken und die Gestik. Elisabeth würde in einem korsettähnlichen Kostüm auftreten, während Maria leicht und anmutig gekleidet wäre. Diese Kostümwahl unterstreicht zudem noch die Systeme. Elisabeth im starren Gefüge, welches keinen Ausbruch erlaubt, und Maria, die eine flexiblere Form zum Ausdruck bringt.

Machen wir einen Sprung auf die Schlüsselszene dieses Dramas. Im Park zu Fotheringhay (3. Aufzug / 4. Auftritt). Für die vorher geschilderte Interpretation sind die Regieanweisungen Schillers völlig zutreffend. Elisabeth könnte etwas erhöht stehen, um so auch die scheinbare Überlegenheit zum Ausdruck zu bringen. Maria, durch Kerker gedemütigt und gezeichnet, fällt vor ihr auf die Knie und bleibt zum Schluß doch Siegerin in diesem Wortduell. Dieses psychologische Meisterstück verlangt den Darstellerinnen einiges ab. Deshalb ist es so wichtig, daß bei der Rollenvergabe individuelle Strukturen berücksichtigt werden. Rein äußerlich gesehen, muß also die Maria-Darstellerin eine sympathische Ausstrahlung haben und die Elisabeth-Darstellerin eine unsympathische. Dies sagt natürlich nichts über den Charakter der Schauspielerinnen aus.

Wichtig ist nur, daß Elisabeth in ihrer Darstellung die fast zur Salzsäule erstarrte Larve zeigt, während Maria ihren ganzen Charme ausspielen kann.

Kehren wir zum Anfang zurück. Der Regisseur wird sich also mit den psychologischen Aspekten der Persönlichkeitsstruktur befassen müssen. Wenn auch die beiden Königinnen im Mittelpunkt stehen, so müssen trotzdem die anderen Darsteller so ausgewählt sein, daß jeweils ein Zugehörigkeitsgefühl zur entsprechenden Königin ausgedrückt wird.

Welche Auswirkungen sind aber nun festzustellen, wenn sich der Regisseur für eine andere Variante entscheidet? Zum Beispiel das Aufeinanderprallen unterschiedlicher politischer Systeme. Basis für diese Interpretation könnten die politischen Konflikte in Irland sein.

Unter diesen Vorzeichen würden die beiden Königinnen gleichaltrig besetzt. Da es in diesem Falle vornehmlich auf das Darstellen von Machtblöcken ankommt, spielen auch die vorher wünschenswerten Eigenschaften wie Sympathie und Antipathie keine so große Rolle.

Um dieser Interpretation gerecht zu werden, können auch Textstellen gestrichen und Schillers Regieanweisungen verändert werden. Die Kostüme könnten sich ähnlich sein und nur durch Farbunterschiede deutlich machen, daß es sich um unterschiedliche Machtbereiche handelt. Was Fotheringhay angeht, so wird der Text so verändert, daß ein pragmatisches Aufeinandertreffen der Königinnen möglich wird.

Nicht die persönlichen Gefühle sind im Dialog maßgebend, sondern die unterschiedlichen Standpunkte der Politik, die in ihrer letzten Konsequenz Maria aufs Schafott führen. An einer Stelle schreibt Schiller zum Beispiel: «Maria rafft sich zusammen und will auf Elisabeth zugehen, steht aber auf halbem Wege schaudernd still; ihre Gebärden drükken den heftigsten Kampf aus». Einmal abgesehen davon, daß Schiller sich dabei auf die damals übliche pathetische Darstellungsweise beruft, sind Gefühlsäußerungen einer politischen Darstellung nicht dienlich. Ebenso werden der Kniefall der Maria und die dazugehörenden Textstellen gestrichen.

Der Regisseur wird also die politische Geschichte Englands und Schottlands studieren müssen, um seine Aussage in die Darstellungsweise einzubringen. Er sollte sich aber davon leiten lassen, daß man sich heute die Hand gibt, auch wenn man politisch unterschiedlichen Systemen angehört.

Nach Abschluß der Vorarbeiten, die wir hier als «Erstellen der Konzeption» bezeichnen wollen, wird ein Gespräch mit dem Bühnenbildner geführt. Er setzt die Ideen des Regisseurs im Raum um. Er wird versuchen, eine adäquate Lösung zur Konzeption zu finden. Außerdem gibt es eine Absprache mit dem Kostümbildner, der sich nicht nur an die Konzeption halten muß, sondern auch seine Kostüme dem Bühnenbild anpaßt.

Dann beginnt der Regisseur mit den Proben, die zunächst in einem angedeuteten Bühnenbild stattfinden. Der Schauspieler bringt so viel Phantasie mit, daß er sich den endgültigen Raum gut vorstellen kann.

Auch die Requisiten, das sind die Gegenstände mit denen man hantiert, werden noch nicht die endgültigen sein. Für den Regisseur kommt es jetzt darauf an, daß er mit pädagogischem und psychologischem Geschick seine Konzeption erläutern und umsetzen kann. Nach dem Erstellen der Konzeption, die einer theoretischen Arbeit gleichkam, folgt nun die praktische Umsetzung. Auch wenn er sich mit den einzelnen Personen des Stückes befaßt, darf er nie den Gesamteindruck vergessen, den er bei der Vorarbeit gewonnen hat. Die Ergebnisse sollten den Schauspielern mitgeteilt werden, damit sie sich ganz in den Dienst der Konzeption stellen können.

Auf der ersten Probe vermittelt der Regisseur den Schauspielern die einzelnen Gänge, während diese sich mit dem Textbuch in der Hand Notizen machen, um eine Kontrolle zu haben. Dann lernen sie ihren Text, und bei der nächsten Probe wird der Regisseur die Textpassagen durchspielen lassen, sie korrigieren und repetieren lassen. Wenn er schließlich den Eindruck gewonnen hat, daß die Gestaltung der Rollen die Form angenommen hat, die er sich vorstellt, dann wird er eine ganze Szene ohne Unterbrechung durchspielen lassen. Diese Arbeit wird solange fortgesetzt, bis das ganze Stück einmal so durchgearbeitet wurde. Dann läuft auch das ganze Stück ohne Unterbrechungen durch.

Die letzten Proben kommen dann einer Aufführung schon sehr nahe. Das Bühnenbild ist aufgebaut, die Schauspieler haben die Kostüme angezogen und die Beleuchtung ist eingerichtet worden. Die Korrekturen, die jetzt noch vorgenommen werden, sind meistens technischer Art.

Es kann sein, daß der Regisseur jetzt den Eindruck gewinnt, daß seine Konzeption falsch war, aber auch dann muß er zu ihr stehen. Es ist wichtig, daß den Beteiligten gegenüber immer diese Haltung deutlich gemacht wird. Außerdem ist es nicht so schlimm, wenn eine Konzeption falsch war, aber dafür die künstlerische Arbeit erfolgreich. Umgekehrt wäre es eine Katastrophe.

Diese genauen Vorbereitungsphasen für eine Aufführung sind durchaus deckungsgleich mit dem Rollenspiel in der Realität. Es besteht lediglich der Unterschied, daß bei einer Bühnenaufführung nichts dem Zufall überlassen bleibt, während das soziale Gefüge von Spontaneität und Improvisation geprägt ist.

Das gesellschaftliche Rollenspiel ist zunächst einmal von Strukturen geprägt. Innerhalb dieser Strukturen bewegen wir uns nach Regeln, die wir uns selbst gegeben haben. Anders als bei den Besetzungen und Spielanweisungen des Regisseurs übernehmen wir in unserem Alltag Rollen, die uns zugefallen sind. Der Familienvater zum Beispiel übernimmt die Rolle des Familienvaters erst dann, wenn er sich entschlossen hat, zu heiraten und eine Familie zu gründen. Der Vereinspräsident kann seine Rolle erst nach einer Abstimmung übernehmen. Die Prozedur verläuft nach Spielregeln, die den Regeln der Bühnenproben sehr ähnlich sind. Die Berufsrolle kann erst nach vorheriger Qualifikation übernommen werden.

Auch wenn Unterschiede zwischen den einzelnen Rollengruppen bestehen, so ist ihnen doch eines gemeinsam: sie können erst durch die Interaktion, das heißt durch die Wechselwirkung zwischen den Partnern, entstehen. Aktion und Reaktion, das sind Vorgänge wie sie auch beim Theater festzustellen sind, stehen im Mittelpunkt der Interaktion. Ein Mensch, der sich allein in einen dunklen Raum einschließt und keine Geräusche mehr wahrnimmt, kann nicht interagieren und somit auch keine Rolle spielen. Es wird also deutlich, daß zum Rollenspiel mindestens zwei Personen notwendig sind.

Die Funktion des Rollenspiels soll nun an einigen Beispielen erläutert werden. Die Rolle des Vaters entsteht nicht nur dadurch, daß er als solcher von den Kindern angesprochen wird, sondern durch die Wahrnehmung von Rechten und Pflichten, die durch Regeln festgelegt sind. Indem das Kind die Rolle des Vaters als Erzieher anerkennt, räumt es ihm auch eine Vorbildfunktion ein.

Ein Kind war ungezogen und erwartet nun vom Vater eine Strafe. Es ist natürlich eine Ermessensfrage, ob der Vater das Kind bestrafen will oder nicht. Die Möglichkeit dazu wird ihm gegeben durch die Übernahme der Vaterrolle. Dasselbe gilt auch für die Mutter.

Ein Kind bringt ein gutes Zeugnis mit nach Hause. Die Erwartungshaltung des Kindes ist, daß es dafür belohnt wird.

Nun kann man daran zweifeln, ob dies alles noch etwas mit Spiel zu tun hat, denn es heißt ja: Rollenspiel. Aber die Grenzen sind fließend. Wir unterscheiden zwischen Spiel und Wirklichkeit. Immer dann, wenn die Wirklichkeit beginnt, ist das Rollenspiel zu Ende.

Auf das oben erwähnte Beispiel angewendet, würde das bedeuten, daß es noch ein Rollenspiel wäre, wenn der Vater dem Kind eine Strafe androht, wenn er es ausschimpft. Würde das Kind aber eine Ohrfeige bekommen, wäre es Wirklichkeit.

Die Parallelität des Rollenspiels zum Bühnengeschehen besteht darin, daß es auf der Bühne immer Spiel bleibt und nie Wirklichkeit wird. Selbst wenn der Vater auf der Bühne dem Kind eine Ohrfeige gibt, so ist sie nur angedeutet und nicht echt. Das Bühnengeschehen stellt sich also als Spiegelbild der Realität dar, wobei die Verhaltensmuster durchaus deckungsgleich sind.

Was den Dialog angeht, so ist er in der Realität situationsgebunden und improvisiert, während er beim Theatertext festgelegt und nachlesbar ist.

Das zweite Beispiel zeigt in der Rolle des Vereinspräsidenten einen typischen Vertreter von funktionsgebundenen Regeln. Die Statuten sind normalerweise das Rückgrat eines Vereins. Das ganze Vereinsleben richtet sich danach und ihr oberster Hüter ist der Präsident. Durch Wahl ist er in dieses Amt gekommen.

Aber erst eine Vereinsversammlung macht das Rollenspiel so richtig deutlich. Mehr als bei anderen Rollenkategorien steht hier die Interaktion im Mittelpunkt. Auch sind die Rollen klar verteilt. Die Funktion des Präsidenten muß anerkannt werden, es sei denn, daß er sein Amt durch Rücktritt oder Abwahl aufgibt.

Die Rolle des Vereinsmitgliedes ist in der Satzung klar festgelegt. Bei der Versammlung kann es sich durch Wortmeldung äußern und hat ansonsten die Ziele des Vereins zu vertreten. In der Regel läuft eine Versammlung wie eine Theaterinszenierung ab. Der Dialog ist die bevorzugte Form. Die klar umrissene Rollenstruktur macht ein Ausbrechen aus der Konvention fast unmöglich.

Und doch ist auch hier die Grenze von Rollenspiel und Wirklichkeit sichtbar. Wenn nämlich zum Beispiel ein Mitglied ausgeschlossen wird, so ist dies kein Spiel mehr. Rein äußerlich ist weder der Familienvater noch der Vereinspräsident gekennzeichnet. Es fehlt also das Kostüm. Es sei denn, es handle sich um einen Verein, der auch nach außen, vielleicht durch eine Uniform, bekundet, welche Ziele er verfolgt.

Das letzte Beispiel, die Berufsrolle, kann mit fast allen Attributen aufwarten, die auch auf der Bühne zu sehen sind. Die Berufsrolle macht nicht nur den größten Teil unseres Lebens aus, sondern sie prägt uns auch. Insofern ist zwar die Qualifikation die Voraussetzung für die Ausübung des Berufes, aber sie sagt nichts über das Verhalten aus. In einigen Berufsgruppen wird durch eine spezielle Kleidung (Kostüm) nach außen dokumentiert, welchem Berufsstand man angehört.

Nehmen wir einmal den Richter. Seine Rolle ist durch seine Robe fixiert. Die Verhandlung, die er leitet, läuft nach bestimmten Ritualen ab. Das Rollenspiel besteht nun darin, daß nach einem festgelegten Muster gefragt und geantwortet wird. Hierbei hat der Richter allerdings noch den Spielraum, die Verhandlung so zu führen, wie es einmal der Sachlage entspricht und wie er meint, der Wahrheitsfindung am nächsten zu kommen.

Seine Rolle wird weder im Gerichtssaal noch außerhalb angezweifelt. Auch kann er sie nicht ablegen wie der Vereinspräsident. Es ist sozusagen eine Lebensrolle. Sein Gegenüber im Gerichtssaal ist der Angeklagte. Dies wird dadurch deutlich, daß er an einem bestimmten Platz sitzt.

Seine Tat ist zwar Verhandlungsgegenstand, aber sie ist kein Spiel. Der Ablauf des Verfahrens, bestimmte Verhaltensmuster und die eindeutige Zuteilung der Rollen, das ist das Rollenspiel. Natürlich kann ein Prozeß auch auf der Bühne stattfinden und er wird nach dem gleichen Schema vor den Augen der Zuschauer ablaufen, aber das Urteil wird nicht in Wirklichkeit vollstreckt.

Wenn in «Dantons Tod» (Büchner) die Guillotine auf der Bühne steht und in Aktion gesetzt wird, dann ist die größtmögliche Annäherung an die Realität erfolgt. In jedem Moment weiß der Zuschauer, daß hier nicht richtig geköpft wird, aber daß er trotzdem erschauert, gehört mit zu den Phänomenen des Theaters. Die Phantasie des Zuschauers wird derartig angeregt, daß er, fast wie im Traum, glaubt, es wäre die Realität.

In der oben simulierten Verhandlung wird es dann Wirklichkeit, wenn der Angeklagte ins Gefängnis muß. Er übernimmt dann eine zweite Rolle: er ist Täter und Gefangener. Der Richter hingegen bleibt Richter, auch wenn er seine Robe auszieht. Er hat sich mit seiner Rolle identifiziert. Es ist das Gegenteil von dem, was der Schauspieler auf der Bühne macht. Er verwandelt sich, ohne seine Persönlichkeit aufzugeben. Er legt seine Rolle an wie eine Tarnkappe. Der leider viel zu früh verstorbene, hochbegabte Berliner Schauspieler Klaus Kammer hat sich einmal in seine Garage bei laufendem Motor eingeschlossen, um Todesnähe zu erfahren, wie er damals meinte. Er brauchte sie für die Darstellung des Ferdinand in «Kabale und Liebe» (Schiller).

Kammer wollte damit keinen Selbstmord begehen, sondern Erfahrungswerte eines Zustandes erkunden, die ihm bei der Rollengestaltung behilflich sein sollten. Hier wird auf makabere Weise deutlich, wie stark die Schauspieler bemüht sind, realitätsbezogene Akzente in die Rollengestaltung aufzunehmen.

Die größte Annäherung an eine Theaterinszenierung zeigt aber die Rolle des Arztes. Angenommen, es handelt sich um eine Arztpraxis, die neu eröffnet wird, so kann man davon ausgehen, daß auch Personal beschäftigt wird, welches dem Arzt hilft. Schon bei der Wahl und Einrichtung der Räume sind Vergleiche zum Bühnenbild möglich. Wahrscheinlich wird das Wartezimmer dann so ausgestattet sein, daß es für den Patienten eine angenehme Atmosphäre bietet. Ebenso verhält es sich mit dem Behandlungszimmer. Auf jeden Fall soll vermieden werden, dem Patienten schon beim Betreten der Praxis einen Schrecken einzujagen. Dazu gehören auch die Geräte. Sollten in einem Raum Geräte aus dem vorigen Jahrhundert installiert sein, sofern es so etwas überhaupt noch gibt, wird sich der Patient nicht nur erschrecken, sondern mit Recht annehmen dürfen, daß es sich um einen schlechten Arzt handelt. Diesen Eindruck will der Arzt schon im Vorfeld eliminieren. Seine Vorarbeit ist also vergleichbar mit dem «Erstellen der Konzeption» des Bühnenregisseurs.

Der Arzt tritt als Inszenator und als sein eigener Hauptdarsteller auf. Sein weißer Kittel (Kostüm) zeigt an, daß er der Chef ist. Bevor nun der erste Patient kommt, wird das Ritual festgelegt, welches der Patient zu absolvieren hat. Dabei ist es wichtig, daß die Hilfskräfte Hand in Hand arbeiten. Dies funktioniert nicht von selbst, sondern wird einstudiert. So erlebt der Patient einen gut organisierten Ablauf. Hier wird immer von der herkömmlichen Annahme ausgegangen, daß der Patient zur Anmeldung geht, dann ins Wartezimmer geschickt wird und nach einer gewissen Zeit ins Behandlungszimmer zum Arzt gerufen wird. Varianten sind hier möglich. Zum Beispiel die: Der Patient meldet sich an, wird ins Wartezimmer geschickt, wo er aber nur einige Minuten bleibt, und kommt dann in ein leeres Behandlungszimmer. Der dann eintretende Arzt vermittelt so den Eindruck, daß es sich bei ihm nicht um eine Abfertigungspraxis handelt, sondern, daß er sich für jeden einzelnen Patienten Zeit nimmt und, was sehr wichtig ist, daß nicht der Patient zum Arzt kommt, sondern umgekehrt. Wenn er dann auch noch mit den modernsten Geräten behandelt wird, ist er fest davon überzeugt, daß er einem guten Arzt gegenüber steht.

Einerseits ist der Patient zwar der Hilfesuchende, aber andererseits hat er auch die freie Wahl. Dies charakterisiert seinen Part in diesem Rollenspiel. So gesehen ist die Zusammenarbeit innerhalb der Praxis ein Ensemblespiel, welches mit und für den Patienten dargestellt wird. Er ist weder das Opferlamm noch passiver Zuschauer. Er weiß zwar immer, daß er sich den aufgestellten Spielregeln unterwerfen muß, aber er assoziiert damit Heilung und nimmt es deshalb gern in Kauf.

Kernpunkt dieses Rituals ist aber die Diagnose des Arztes, die nur durch eine intensive Interaktion möglich ist. Ungeachtet dessen, daß es natürlich im Interesse des Patienten liegt, möglichst gut und schnell geheilt zu werden, können hier, wie auch in anderen Berufszweigen, Interaktionsstörungen auftreten. Das wäre zum Beispiel der Fall, wenn sich der Patient weigern würde, Blut abnehmen zu lassen. Der Arzt hat hier die Möglichkeit, entweder die Behandlung insgesamt abzubrechen oder den Patienten von der Notwendigkeit zu überzeugen.

Störungen sind auch beim Theater bekannt. Das kann der Fall sein, wenn innerhalb einer Inszenierung beispielsweise ein Requisit fehlt, welches für eine Szene wichtig ist. Meistens merkt der Zuschauer dies nicht, weil der Schauspieler geistesgegenwärtig genug diese Panne überspielen kann. Anders ist es aber, wenn der gesamte Abend etwa durch einen Stromausfall unmöglich gemacht wird.

Auf jeden Fall wird der Arzt darauf bedacht sein, den Patienten nicht nur zu heilen, sondern ihm nicht unbedingt notwendige Strapazen ersparen.

So wie bei der Theaterinszenierung durch die Konzeption des Regisseurs die Weichen gestellt werden, so wird durch die Diagnose der weitere Ablauf festgelegt.

Zuschauer gibt es in den wenigsten Fällen bei Rollenspielen. Die Kirche und der Gerichtssaal bilden da eine Ausnahme. So kann auch das Modell, welches für eine Theaterinszenierung Anwendung fand, nämlich, daß die Schauspieler auf der Bühne interagieren und als Ensemble den Interaktionspartner zum Publikum darstellen, für das Rollenspiel in der Arztpraxis keine Verwendung finden. Hier ist der Partner integrierter Bestandteil, der als Patient seine Rolle freiwillig übernimmt.

Bei den Berufsrollen nimmt zweifellos der Uniformträger eine Sonderstellung ein. Durch sein äußeres Erscheinungsbild ist es für jedermann ersichtlich, zu welcher Institution oder Organisation er gehört. Der Bürger erkennt ihn nicht nur als Vertreter einer Standesorganisation, sondern assoziiert auch moralische Begriffe mit ihm. Ein Polizist zum Beispiel sorgt für Ruhe und Ordnung, ein Soldat verteidigt das Land und ein Feuerwehrmann bekämpft das Feuer. Der Uniformträger ist also zur Institution geworden. Wer mit ihm spricht, weiß, daß er von ihm eine für seinen Zuständigkeitsbereich kompetente Antwort erhält. So kann sich die Interaktion auch nur sachbezogen gestalten. Einen Polizisten kann man nach dem Weg fragen, aber nicht nach seinem Gesundheitszustand. Schlimmstenfalls könnte dies sogar noch als Amtsbeleidigung aufgefaßt werden.

Ein Uniformträger kann also nur die ihm zugedachte Rolle spielen, die durch seine Kleidung erkennbar wird. Andererseits findet eine so starke Identifikation mit der Rolle statt, daß die dahinter stehende Person fast unwichtig erscheint. Innerhalb der Institution ist die Verantwortlichkeit und Aufgabenverteilung durch die einzelnen Dienstgrade bestimmt.

Nicht nur die Uniform zeigt die verwandschaftliche Nähe zur Bühne auf, sondern auch spezielle Einübungen. Bei einem Manöver zum Beispiel wird der Ernstfall gespielt, im Militärjargon ausgedrückt: geprobt. Die Manöverleitung erstellt einen Plan, nach dem eine kriegerische Auseinandersetzung zwischen dem Feind und der eigenen Militärmacht stattfinden könnte. Bevor aber die Soldaten ihre Positionen im Feld einnehmen können, wird sozusagen am grünen Tisch ein Plan entworfen, wie die Strategie ablaufen sollte. Eine deutlichere Parallelität zum «Erstellen einer Konzeption» bei einer Theaterinszenierung gibt es nicht.

Allerdings heißt die militärische Devise: Befehl und unbedingter Gehorsam. Eine kollegiale Zusammenarbeit, wie sie in der praktischen Probenarbeit auf der Bühne zwischen Regisseur und Schauspieler besteht, ist den Militärs fremd. Sie widerspricht sogar dem militärischen Reglement. Auch kann ausgeschlossen werden, daß ein Soldat die Möglichkeit erhält, sich über die Gestaltung seiner Rolle zu äußern. Er ist nichts anderes als ein Rädchen im Uhrwerk. Die Hierarchie und die systemorientierten Verhaltensmuster des Militärs zwingen den Soldaten zur Disziplin. Es ist fraglich, ob der militärische Drill noch etwas mit Spiel zu tun hat, aber die Konzeption einer Manöverübung (von den Militärs auch «Planspiel» genannt) findet ihre Entsprechung in der Vorarbeit des Regisseurs. Einmal abgesehen von den wenigen Manöverbeobachtern, findet eine militärische Übung ohne Zuschauer statt. Eine Theaterinszenierung dagegen braucht das Publikum, nicht damit die Schauspieler eine Selbstverwirklichung erfahren, sondern weil es das Ziel einer jeden Bühnenaufführung sein sollte, den Zuschauern Denkanstöße zu vermitteln. Man sollte ihnen durch die Aufführung jenen Freiraum ermöglichen, der ihnen die Gelegenheit gibt, sich mit den darstellenden Personen auf der Bühne zu identifizieren. Wenn nach einer besonders eindrucksvollen Aufführung einige Zuschauer emotional berührt sind und dies auch öffentlich äußern, hat sich der Sinn des Theaterabends erfüllt.

Es ist nur schwer verständlich, warum eine Manöverübung, ein Gerichtsprozeß, eine Arztbehandlung, eine Vereinssitzung etwas mit einer Theateraufführung zu tun haben soll. Verfolgen nicht jene Abläufe, die außerhalb des Theaters stattfinden, hehre Ziele und stellen sie nicht große ethische Ansprüche? Ist Theater, einmal abgesehen von den Denkanstößen, nicht nur Amüsement?

Darauf kommt es nicht an, denn nicht die Ziele sollen verglichen werden, sondern die schematisierten Vorgänge. Eine Theateraufführung kann nicht mit meßbaren Ergebnissen aufwarten. Sie verspricht keine Heilung, keine Verurteilung von Straftätern, keine Bekämpfung des Feindes. Daß Denkanstöße und gelegentlich Amüsement vermittelt werden, sind reine Vermutungen. Der einzige Gradmesser über Erfolg oder Mißerfolg eines Theaterabends ist der Beifall. Und gerade dieser ist bei den oben erwähnten Abläufen verpönt. Ein Patient zeigt dem Arzt gegenüber Dankbarkeit, Lob und Anerkennung, wenn er geheilt worden ist. Die Verurteilung im Gerichtssaal löst kein Beifallklatschen aus und der Sieg über den Feind ebenfalls nicht. Im Gegenteil, das Klatschen könnte noch als Zynismus verstanden werden.

Die Parallelität von Bühnenrolle und gesellschaftlicher Rolle soll ja auch nicht die Wirkungen aufzeigen, die das jeweilige Rollenspiel haben kann, sondern, daß sich das Theater gewisser Verhaltensnormen bedient, die auch in der Realität erkennbar sind. Jener Normen, die von Menschen entworfen worden sind und sich als Regeln darstellen oder die durch ein Umfeld geprägt wurden.

Im Falle des Vereins sind es die Statuten, die ja nicht aufgestellt worden sind, um einen Machtanspruch des Präsidenten zu deklarieren. Vereinsspezifische Forderungen und die klare Formulierung der Sinngebung machen den Gesamtkomplex der Statuten aus.

Der Arzt wird seine Spielregeln nach den Bedürfnissen gestalten. Sie werden insofern durch das Umfeld geprägt, als einerseits die Notwendigkeit einer sinnvollen Behandlung ermöglicht werden soll und andererseits dem Patienten die Scheu davor genommen werden soll, sich dieser Behandlung zu unterziehen.

Wenn aber Theater, so wie es behauptet, ein Spiegelbild der Gesellschaft ist und Denkanstöße vermitteln will, dann muß auch deutlich werden, was man denn aus dem Dargestellten lernen kann.

Zu Anfang mußte schon einmal «Maria Stuart» als Beispiel dienen. Die Hinrichtung Marias kann für den Zuschauer als Sieg oder Lösung eines Konfliktes der beiden Rivalinnen nicht akzeptabel sein. Übrigens zeigt Schiller nicht die Hinrichtung, sondern läßt nur über sie berichten, was für die damaligen Verhältnisse durchaus als dramaturgischer Kniff galt. Auch das Aufeinanderprallen von Machtstrukturen kann für den Zuschauer allenfalls historischer Anschauungsunterricht sein.

Was er aber wirklich lernen kann, ist, Andersdenkenden gegenüber Toleranz zu üben. Er muß die Lehren aus dem Stück ziehen. Er darf sich nicht damit abfinden, daß durch die Beseitigung des Gegners die Probleme gelöst werden.

Die Tatsache, daß auf der Bühne vor seinen Augen nicht Elisabeth und Maria, sondern hinter der Maske die Schauspielerinnen X und Y stehen, macht es dem Zuschauer leichter, die Darstellerinnen nicht als bloße Marionetten zu betrachten. Dies schildert natürlich nur den Idealfall, denn es ist nicht auszuschließen, daß es Zuschauer gibt, die sich nicht angesprochen fühlen, weil sie vielleicht von sich glauben, daß sie schon genug tolerant seien.

Man kann aber davon ausgehen, daß das Zusammenwirken von optischem und akustischem Eindruck und ein gewisses Zusammengehörigkeitsgefühl, welches im Zuschauerraum entsteht, nicht ohne Wirkung auf den Zuschauer bleibt. Darüber hinaus werden sich dargestellte Verhaltensmuster bei dem Zuschauer einprägen.

Was für den Zuschauer angenommen wird, gilt auch in ausgeprägter Form für den Schauspieler. Für das Einprägen eines Theatertextes bedient er sich eines Systems, welches er sich durch Erfahrungen angeeignet hat. So kann nicht von einer allgemeingültigen Regel die Rede sein. Aber drei unterschiedliche Methoden sind zumindest feststellbar: das optische Lernen, das akustische Lernen und das gleichzeitige optische und akustische Lernen.

Das optische Lernen bedeutet, daß der Schauspieler sozusagen ein fotomechanisches Gedächtnis hat. Er liest den Text mehrere Male hintereinander und «fotografiert» die Buchseite in seinem Gedächtnis. So bannt er nicht nur den Text auf diesen «Film», sondern auch die Seitenzahl und eventuelle Besonderheiten der Buchseite. Dieses von manchen Psychologen als «Engramm» bezeichnete Phänomen, was so viel heißt wie «eingeschliffene Bahnen», hat den Vorteil, daß es jederzeit abrufbar ist. Ähnlich einem Film wird der im Gedächtnis gespeicherte Text abgespult. Wenn auch diese Art des Lernens sehr selten ist, so ist doch immerhin bekannt, daß es Schauspieler gibt, die sich eine Textseite einmal ansehen, das Buch zur Seite legen und dann den Text auswendig vortragen.

Andere Schauspieler wiederum bevorzugen das «akustische Lernen». Sie lesen sich den Text immer wieder vor und prägen sich ihn durch diese ständigen Wiederholungen ein. Als Hilfsmittel wird häufig auch das Tonband benutzt, welches selbst besprochen wurde. Die Merkfähigkeit des Schauspielers wird durch ständiges Vorspielen des Tonbandes erhöht. Schauspieler, die nach dieser Art verfahren, haben meistens keine «optischen» Erinnerungen.

Was für die «optischen» Lerner das «Ablaufen des Films» ist, ist für die «akustischen» die Wiedergabe durch das Tonband oder das Laut-vor-sich-hin-Sprechen. Dieses Verfahren hat allerdings den Nachteil, daß der Schauspieler sich von Anfang an eine bestimmte Sprachmelodie zulegt, die er später in der Kombination mit der Gestik nicht mehr variieren kann.

Das Zusammenwirken von Gestik und Sprache kann der «optische» Lerner natürlich viel besser nutzen. Er ist nicht fixiert auf einen Tonfall und kann, nur auf den gedruckten Text gestützt, seine ganze sprachschöpferische Gestaltung einfliessen lassen.

Am meisten verbreitet ist die Kombination von «optischem» und «akustischem» Lernen. Der Schauspieler prägt sich den Text so ein, daß er ihn dauernd laut liest und sich dabei auch das Schriftbild merkt. Wenn er dann den ersten Versuch wagt, den Text auswendig zu sprechen, hat er immer noch die «Fotografie» in seinem Gedächtnis als Gedankenstütze. Indem er durch diese Absicherung sich auf seinen Text nicht mehr so stark zu konzentrieren braucht, hat er den Kopf für die Ausdrucksgestaltung frei. Zwar ist das Sprechen wichtig, und ohne den gesprochenen Text wäre keine Informationsübermittlung möglich, aber die Rollengestalt wird hauptsächlich durch gestische Ausdrucksmittel dargestellt.

Bei der Verbindung von «optischem» und «akustischem»

Lernen ist immer eine Art dominant. Grundsätzlich kann aber gesagt werden, daß alle Arten trainiert werden können. Man muß sich nur für die Art entscheiden, die nach eigener Ansicht erfolgversprechend ist.

Nun würde aber das ausschließliche Training von Sprache aus dem Schauspieler einen guten Rezitator machen, der seine Rolle in hervorragender Manier spricht, sie aber damit noch längst nicht spielt. Das besondere Kennzeichen der Rolle ist der gestische Ausdruck. Erst durch ihn kann der Schauspieler die Rollengestalt auf der Bühne präsentieren.

Zwar ist durch den normalen Bewegungsablauf des Menschen schon die Grundlage für eine Gestik geschaffen, aber in extremen Situationen müssen unter Umständen bestimmte Ausdrucksmittel erprobt und vom Schauspieler erlernt werden.

Ein Beispiel soll dies deutlich machen: Wenn ein Schauspieler auf der Bühne seinem Partner eine Ohrfeige geben soll, so kann er dies nicht so tun, wie er es vielleicht in Wirklichkeit tun würde. Diese Situation muß also einstudiert werden. Und dies geschieht so präzise, daß der Geschlagene überhaupt nicht berührt wird. Die Grundlage für die Wirkung auf den Zuschauer ist Aktion und Reaktion.

Sozusagen in Zeitlupentempo geschildert, holt der Schlagende soweit aus, daß für den Zuschauer klar ersichtlich ist, daß jetzt eine Ohrfeige ausgeteilt wird. Dann stoppt er den Schlag kurz vor dem Gesicht des Partners, so daß seine Hand ihn nicht berührt. Der Partner muß allerdings sofort reagieren, indem er den Kopf so bewegt, als wäre er gerade getroffen worden. Das klatschende Geräusch wird durch eine Person erzeugt, die außerhalb der Bühne steht und schon durch Händeklatschen den Eindruck einer Ohrfeige vermitteln kann.

An diesem Beispiel wird gut deutlich, daß durch die Konstruktion einer Gegebenheit die Phantasie des Zuschauers angeregt werden kann.

So muß beim Erarbeiten einer Rolle von drei schwerpunktmäßigen Grundsätzen ausgegangen werden:

1. Von der Rollencharakteristik wie sie vom Dichter vorgegeben wird. Durch die Regieanweisungen und den niedergeschriebenen Text vermittelt der Dichter seine Vorstellung von der Rollengestaltung.
2. Von der Aufnahme der in der Realität vorkommenden Verhaltensmuster. (Ein Schauspieler muß auf der Bühne beispielsweise hinken. Er wird in der Realität Studien machen, welche Formen des Hinkens vorkommen und welche er für seine Rolle verwenden kann.)
3. Von den eigenen zur Verfügung stehenden Ausdrucksmitteln, die natürlich mit der Persönlichkeit des Schauspielers eng verbunden sind.

Wenn auch dieses Muster nicht von allen Schauspielern in dieser Form angewandt wird, so kann es durchaus Basis für die Arbeit an der Bühnenrolle sein. Wir müssen hier nicht besonders betonen, daß die Rollengestaltung beim Schauspieler keine charakterlichen Veränderungen hervorruft. Er legt die Rolle wie einen Mantel an und legt sie ebenso wieder ab.

Genau das Gegenteil ist bei der Rolle in der Wirklichkeit festzustellen, denn durch die enge Bindung des Rollenträgers an seinen Part ergeben sich quasi von selbst variierende Verhaltensmuster. Die Vorlage wird nicht durch einen festgelegten Text oder eine präzise Formulierung der Rolle gegeben, sondern bestimmt sich aus dem sozialen Umfeld und der jeweiligen Situation.

Ein Arbeiter zum Beispiel, der zum Generaldirektor aufsteigt, wird durch seine Position gezwungen, seine früheren Verhaltensnormen abzulegen und sich einen für einen Generaldirektor geeigneten Verhaltenskodex zuzulegen. Seine Position verändert seinen Charakter insofern, als er beispielsweise nun nicht mehr mit anderen Arbeitern gegen das Unternehmen demonstrieren kann. Durch seine Position hat er sein Rollenspiel den Gepflogenheiten angepaßt.

Es kann als Hypothese gelten, daß er niemals zu den Arbeitern zurückversetzt würde. Sollte dies aber trotzdem eintreten, würde er von den anderen Arbeitern nicht mehr akzeptiert oder nur mit großen Einschränkungen. Diese Gedankenspielerei kann aber anschaulich erklären, daß ein Rollenspiel nachhaltig einprägende Wirkungen haben kann.

In der Wirklichkeit und auch auf der Bühne gehen vom Rollenspiel so starke Impulse aus, wie wir gesehen haben, daß dadurch Lernvorgänge ermöglicht und erleichtert werden. Wenn dies aber so ist, so muß das Rollenspiel als Methode im Schulunterricht eingesetzt werden. Das Rollenspiel soll nicht andere Unterrichtsmethoden verdrängen, sondern der kreativeren Gestaltung des Unterrichts dienen und darüber hinaus einen Beitrag zur leichteren Wissensvermittlung leisten.

Bevor wir uns aber ausführlich mit dem Rollenspiel als Unterrichtsmethode befassen wollen, hier noch einmal ein Überblick über die bisher dargestellten Formen des Rollenspiels.

Danach unterscheiden wir zwischen dem Rollenspiel auf der Bühne und dem Rollenspiel in der Wirklichkeit:
- Das Rollenspiel auf der Bühne unterliegt festgelegten Regeln, die keinen Zufall erlauben. Das Verhalten der auf der Bühne agierenden Personen orientiert sich an dem jeweiligen Theaterstück. Der Entwurf des Autors dient als Stückvorlage, die zusammen mit den Ideen des Regisseurs und der Gestaltungskraft der Schauspieler die Grundlage für eine Inszenierung bildet. Der Entwurf für eine Aufführung, auch «Erstellen einer Konzeption» genannt, wird von dem Regisseur gemacht. Diese Arbeit vollzieht sich im theoretischen Bereich und ist vor Beginn der Probenarbeit abgeschlossen.
Hier sei noch eine Anmerkung erlaubt: Die Arbeitsweisen des Regisseurs sind ebenso unterschiedlich wie bei den Schauspielern. Der Normalfall ist, daß der Regisseur seine Ideen ins Textbuch schreibt. Das fängt bei der Einzeichnung der Gänge an, geht über das Markieren von Pausen bis zur Bestimmung von Wortbetonungen. Dieses so gekennzeichnete Textbuch nennt man «Regiebuch». Andere Regisseure wiederum bevorzugen den Arbeitsstil der Improvisation. Sie kommen nicht mit einem vorher

erarbeiteten Regiebuch auf die Probe, sondern entwickeln mit den Schauspielern zusammen in der Probenarbeit Gänge, Gesten und Betonungen. Dies setzt allerdings eine genaue Kenntnis des Stückes voraus. Und damit ist gemeint, daß der Regisseur den Text auswendig beherrscht, und zwar von allen Rollen. Eine solche Gedächtnisleistung vollbringen zwar nur wenige Regisseure, die aber dadurch den Vorteil haben, von einer Textvorlage unabhängig zu sein. Dies ist für die praktische Probenarbeit sehr wichtig, denn sie besteht ja nicht nur aus Informationsübermittlung, sondern auch aus präziser Beobachtung. Wer dabei nicht dauernd an das Textbuch gebunden ist, kann sich über das Geschehen auf der Bühne einen schnelleren und intensiveren Überblick verschaffen. Außerdem macht es einen guten Eindruck auf die Schauspieler, wenn sie merken, daß ihr Regisseur nicht nur das Stück genau interpretieren kann, sondern den gesamten Text beherrscht.

Dieses «einstudierte Rollenspiel» dient nicht zur Selbstverwirklichung der einzelnen Beteiligten. Die Zielvorstellung ist immer die Aufführung und damit ein Sich-zur-Schau-Stellen vor einem Publikum. Die Gesamtheit der Zuschauer ist Interaktionspartner des Bühnenensembles. Die stattfindende Wechselwirkung zwischen diesen Polen wird durch Aktion und Reaktion bestimmt.

Das auf der Bühne vorgeführte Rollenverhalten soll neben der Erbauung Denkanstöße vermitteln und den Zuschauer dadurch veranlassen, sein eigenes Verhalten in der Wirklichkeit zu verändern.

– Das Rollenspiel in der Wirklichkeit wird durch Strukturen bestimmt, die entweder durch eine sachbezogene Konstruktion oder durch ein situationsbedingtes Verhalten entstanden sind. Ein Regelwerk, welches nach menschlichen Vorstellungen erstellt wurde, steckt den Rahmen des Rollenverhaltens ab. Wer sich nicht an die festgelegten Regeln hält, muß mit Sanktionen rechnen. Das Rollenspiel dient immer einem realistischen Zweck, der durch die

Themenstellung vorausbestimmt ist. Darüber hinaus wird das Verhalten der Rollenträger durch die Situation beeinflußt.

Wer beispielsweise Vereinspräsident ist, fungiert nicht nur als «Chef», sondern ist auch gleichzeitig Hüter der Statuten. Sein Verhalten in dieser Rolle wird also durch die Regeln geprägt. Die schon angekündigten Sanktionen können hier «Vereinsausschluß» bedeuten. Die in einer Vereinssitzung behandelten Themen werden zwar im Rollenspiel vorformuliert, dienen aber letztendlich der praktischen Nutzanwendung. Der «Vereinsbeschluß» dokumentiert nicht nur das Ende der Diskussion, sondern stellt gleichzeitig den Beginn der praktischen Umsetzung dar. Wenig beachtet wurde bisher, daß der «Vereinsbeschluß» eine neue Rollenverteilung vornimmt.

In der Vereinssitzung wird das Für und Wider eines zu behandelnden Komplexes diskutiert, wobei am Ende ein Konsens stehen soll. Thema ist zum Beispiel die Wahl eines neuen Vorstandsmitgliedes. Nach Abschluß der Diskussion steht fest, daß das Mitglied X in den Vorstand gewählt werden soll. Der Verein beschließt die Wahl. Nach erfolgreicher Durchführung wird dem Mitglied X dadurch nicht nur Vertrauen signalisiert, sondern es wird ihm auch eine neue Rolle beschert, nämlich die, Mitglied des Vorstandes zu sein.

Das situationsbedingte Rollenspiel wird am besten in einer Arztpraxis deutlich. Das Verhaltensmuster der Rollenträger innerhalb der Praxis ist darauf angelegt, das Vertrauen des Patienten zu erwerben und ihn zu heilen. Die ausgewählte Situation in der dies geschieht ist in starkem Maße vom Rollenverhalten des Patienten abhängig. So entstehen durch jeden neuen Patienten veränderte Situationen, die nur durch Spontaneität und teilweise auch durch Improvisation gemeistert werden können.

Sanktionen, wie sie bei der Vereinssitzung aufgezeigt wurden, sind in der Arztpraxis sehr selten. Es sei denn, der Arzt verweigert die Behandlung.

Anders als beim «Vereinsbeschluß» verändert die Diagnose des Arztes und seine Entscheidung über eine Behandlung weder das Rollenverhalten des Arztes noch das des Patienten. Aber daß der Patient nach erfolgreichem Abschluß einer Behandlung nicht mehr Patient ist, während die Arztpraxis mit ihrer Aufgabenstellung und spezifischen Rollenverteilung weiter besteht, deutet darauf hin, daß es sich um eine Institution handelt. Ob das Diktat dieser Institution einen Einfluß auf die Heilung hat, ist eine andere Frage. Jedenfalls spielt der Arzt seine Rolle weiter in seinem von ihm geschaffenen Imperium. Die Arzt-Patienten-Beziehung ist der eigentliche Anlaß seiner Existenz.

Auf die Frage, welche Bedeutung ein theoretischer Vergleich zwischen dem Rollenspiel auf der Bühne und in der Wirklichkeit hat, lautet die Antwort: Der Lerneffekt. Der Zuschauer erhält durch die dargestellten Verhaltensweisen auf der Bühne wichtige Erkenntnisse für sein Leben in der Alltagswelt. Dem Schauspieler werden durch die Beobachtung der Wirklichkeit wesentliche Anstöße für seine Theaterarbeit vermittelt. Außerdem wird er durch die Reaktionen des Publikums in seinem Bemühen um die Darstellung eines Spiegelbildes bestätigt.

In unserem Fall ist das Aufzeigen der verschiedenen Formen von Rollenspiel die Ausgangslage für den Einsatz des Rollenspiels im Unterricht.

Wenn wir uns zunächst auf das «Spiel» konzentrieren, so ist doch kinderpsychologisch nachgewiesen, daß das Spiel bei Kleinkindern nicht nur als kindliche Betätigung angesehen werden darf, sondern ein wesentlicher Bestandteil im Lernprozeß des Kleinkindes ist. Eine andere Form als das Spiel zum Erlernen von Fähigkeiten kann sich das Kind nicht vorstellen. Erst in der Pubertät wird das kindliche Spiel durch das gedankliche Lernen ersetzt. Das Spiel verkümmert allmählich, und es ist geradezu verpönt, in der Zeit des Erwachsenwerdens zu spielen. Hier ist ein Vakuum entstanden. Das kindliche Spiel wird in der Reifungsphase abrupt vernachlässigt, ohne einen Ersatz dafür zu haben. Das an seine Stelle tretende gedankliche Lernen ist alles andere als Spiel. So ist es nicht verwunderlich, daß es dem Kind zunächst schwerfällt, den angebotenen Unterrichtsstoff zu verarbeiten.

Hier will das Rollenspiel als Unterrichtsmethode eine Hilfestellung leisten. Allerdings gehen die Vorschläge davon aus, daß das Rollenspiel nicht unvermittelt eingesetzt werden kann. Ebensowenig wie man einer Schülergruppe sagen kann, daß sie Handball spielen solle, ohne die Regeln zu kennen und vorher trainiert zu haben, kann man ihr sagen, daß sie eine Unterrichtseinheit durch das Rollenspiel erlernen soll. Ein behutsames Hinführen ist notwendig, weil durch das vorher beschriebene Vakuum eine Abneigung der Schüler gegen alles Spielerische entstanden ist.

Die Schüler lernen durch die Übernahme von fremden Rollen in der angstfreien Atmosphäre des «Spielraums» Verhaltensmuster kennen, die nicht ihre eigenen sind. Eine solche Einsichtnahme in die Zusammenhänge fremder Problemsituationen ermöglicht eine Distanz zum eigenen Handeln und Wollen und erleichtert so den Sozialisationsprozeß. Einmal abgesehen davon, daß es dem Schüler Freude macht, in eine andere Rolle schlüpfen zu können, erlernt er mit der Rolle auch die Fähigkeit zum Dialog.

Durch die Anwendung des Rollenspiels kann die Zielsetzung des Unterrichts spielerisch vermittelt werden.

Dies wird durch eine Methode ermöglicht, die sich im wesentlichen auf die Erfindung des Rollenspiels durch J. L. Moreno beruft. Er war sozusagen dessen geistiger Vater und erprobte innerhalb und außerhalb der Psychotherapie die Nutzanwendung. In seinen Hauptwerken «Psychodrama» und «Stegreiftheater», die sich an den Gesetzmäßigkeiten des Theaters orientieren, legte er den Grundstein für ein effektives Verfahren. Seine Devise «Durch spielen heilen» setzte er zunächst in der Arbeit mit psychisch Kranken um. Er konstruierte ein eigenes Theater für sie, in dem er die Patienten ihre Krankengeschichte spielen ließ. Ermuntert von Heilerfolgen, übertrug er die gewonnenen Erfahrungen auf seine

Arbeit mit berühmten Schauspielern. Mit ihnen spielte er Szenen aus dem Alltag, die er der Tageszeitung entnommen hatte. So erkannte er sehr schnell, daß das Rollenspiel mehr war als nur reines Vergnügen. Er legte damit den Grundstein für ein Modell, welches nicht nur angenommen wurde, sondern welches sich bis in die jüngste Zeit weiter entwickelt hat.

Zum Beispiel wurde in einem Trainingszentrum für Manager eine neue Form praktiziert. Man hatte sich überlegt, daß in einem Weiterbildungsseminar für Manager Konflikte deshalb nicht öffentlich ausdiskutiert werden können, weil eventuelle Probleme von den einzelnen Managern für ihren Tätigkeitsbereich nicht zugegeben würden. Deshalb entschloß man sich, ihnen von Schauspielern einige Szenen aus «König Lear» von Shakespeare vorzuspielen, in denen Machtstrukturen aufgezeigt und Konflikte bewältigt wurden. Nun konnten die Manager in der anschließenden Diskussion über Probleme sprechen, die ihnen von fremden Personen vorgeführt wurden, aber auch ihre eigenen waren. Über diesen Umweg ließ sich ein Zugang zur Konfliktbewältigung finden. Übrigens hat die Leitung des Zentrums darauf hingewiesen, daß sie durch Moreno inspiriert wurde.

Aber nicht nur dieses Beispiel zeigt, wie Morenos Modell einsetzbar ist. Auch die Militärs erhielten wesentliche Anregungen für das mittlerweile üblich gewordene «Planspiel».

In allen Fällen wurde aber neben der Zielsetzung die persönlichkeitsentfaltende Wirkung nie in Frage gestellt. Sie läßt sich folgendermaßen aufzählen: zwischenmenschliche Beziehungen, Kreativitätsförderung, Verständnisbereitschaft, spielerische Wissensvermittlung, Dialogfähigkeit und Selbstbewußtseinsförderung.

In zahlreichen Lehrbüchern wird die Anwendung des Rollenspiels im Unterricht zwar empfohlen, aber nicht darüber berichtet, wie es durchgeführt werden kann.

Für den Einsatz des Rollenspiels braucht der Lehrer keine Theatererfahrung zu haben; es genügt, wenn er sich an die methodischen Empfehlungen hält.

Die Erarbeitung einer Rollenspiel-Einheit ist durch eine Folge von Einzelschritten gekennzeichnet und soll in den Fächern Deutsch, Geschichte, Gesellschaftskunde und Religion angewendet werden.

Die Übung läuft in drei Stufen ab und soll im Unterrichtsraum durchgeführt werden:
– Sensibilisierungstraining
– Interaktionsübungen
– Rollenspiel

Die beiden ersten Phasen dienen der Motivation. Sie können zwar abgekürzt werden, sollten aber immer am Anfang einer Übung stehen.

Am wirkungsvollsten ist der Einsatz, wenn die Übung innerhalb einer Studienwoche stattfindet, in der die einzelnen Phasen auf mehrere Tage verteilt werden können.


*Sensibilisierungstraining*

Das *Sensibilisierungstraining*, also die erste Stufe der Motivation, soll die Schüler auf das Rollenspiel einstimmen. Wir gehen von der Annahme aus, daß bei den meisten Schülern, mit Ausnahme der Vorschulkinder und der Erstkläßler, die Bereitschaft zum Spiel abhanden gekommen ist.

Diese erste Stufe ist noch kein Rollenspiel, sondern es sind Übungen, die zum Aufwärmen gedacht sind und die Schüler zur Kreativität animieren sollen. Sie sind noch am ehesten mit dem Sportler vergleichbar, der sich im Aufwärmraum fit macht und sich auf seinen Einsatz vorbereitet.

Kein Fußballtrainer zum Beispiel würde auf die Idee kommen, einen Spieler einzuwechseln, der sich nicht vorher aufgewärmt hat und für das Spiel trainiert wurde.

Die beiden wichtigsten Voraussetzungen für das Rollenspiel sind, daß man sich sprachlich und körperlich ausdrükken kann. So wird die Dialogfähigkeit und die gestische Ausdruckskraft besonders trainiert.

Bei einigen Schülern kann durch ungewohntes Verhalten eine Stagnation eintreten, die den Ablauf der Übung hemmen kann. Hier sollte der Lehrer nicht durch Vorschläge, Anweisungen oder Kritik versuchen, die Situation zu überbrücken. Durch Zurückhaltung fördert er die Eigeninitiative des Schülers, der so gezwungen wird, sein eigenes Potential einzusetzen. Das führt die Schüler zu neuen Erfahrungen, sie lassen die Bereitschaft zum Experiment erkennen und können neue Spielprozesse einleiten. So auf sich allein gestellt, werden sie immer mehr auf Klischees verzichten und eigene Bedürfnisse artikulieren.

Es wird sich zeigen, daß es einige Schüler gibt, die den anderen an Spontaneität und Originalität überlegen sind. Ebenso werden spezielle Begabungen mit unterschiedlichen Fähigkeiten auf dem Gebiet der Kreativität festzustellen sein. Dennoch bedürfen alle Schüler des Sensibilisierungstrainings.

Wir unterscheiden hier zwischen *nonverbalen* und *verbalen* Übungen. Jeweils ein Beispiel aus den beiden Bereichen soll deutlich machen, was gemeint ist. Zuerst die nonverbale Übung:

a) Der Lehrer fordert die Schüler auf, sich in die Mitte eines von Stühlen gebildeten Kreises zu stellen. Die Beteiligten sollen sich gegenseitig die Hände schütteln, aber dabei soll sich jeder merken, wieviel Hände er geschüttelt hat. Die Übung sollte nicht länger als drei Minuten dauern und ohne zu sprechen durchgeführt werden. Es ist unwichtig, ob sich die Schüler während dieser Zeit mehrmals die Hände schütteln. Nach der abgelaufenen Zeit beendet der Lehrer die Übung und fragt jeden einzelnen Schüler danach, wieviel Hände er geschüttelt hat.

Der Lehrer kann sich an der Übung beteiligen.

Sinn und Zweck dieser Übung ist es, einen Körperkontakt herzustellen. Das Zählen soll den Nebeneffekt haben, möglicherweise auftretende Bedenken der Schüler zu zerstreuen. Wichtig ist nur, daß jeder jedem die Hand geschüttelt hat.

Das Beispiel der verbalen Übung:

b) Die Schüler sitzen im Kreis, und der Lehrer fordert den Schüler links von sich auf, zu erzählen, was ihm gerade einfällt beziehungsweise woran er gerade denkt. Dies sollte zirka dreißig Sekunden dauern, dann geht das Rederecht auf den Nachbarn über und so weiter bis alle im Kreis sich geäußert haben.

Es wäre durchaus denkbar, daß der eine oder andere Schüler diese Gelegenheit benutzt, um seinen Unmut zu äußern, entweder über das Verfahren oder über eventuelle Mißstände in der Schule, und schließlich könnte er auch noch den Lehrer einer Manöverkritik unterziehen. Nicht nur die ganze Übung, sondern das ganze Vorhaben wäre sofort gefährdet, wenn der Lehrer sich in so einem Fall entweder auf eine Diskussion einließe oder gar mit Disziplinarmaßnahmen drohen würde.

Wechselnde Einflüsse des gesellschaftlichen Lebens haben bei vielen Schülern Originalität und kreatives Verhalten verhindert und diese Anlagen verkümmern lassen. Ihre natürliche Spielfreude und die Bereitschaft zu kreativen Aktionen ist durch diese Einflüsse gehemmt worden. Sinn dieser ersten Phase ist es also, die Hemmungen und Barrieren mit pädagogischen Mitteln abzubauen.


*Interaktionsübungen*

Die zweite Stufe, die sich *Interaktionsübungen* nennt, ist als direkte Vorstufe zum Rollenspiel anzusehen. Sie bezieht sich deshalb auf die Interaktion, weil diese Übung jeweils von zwei Personen durchgeführt wird. Interaktion ist die Bezeichnung für eine Wechselwirkung zwischen Personen und Personengruppen. So beinhaltet Interaktion immer Aktion und Reaktion. Dieses wechselwirkende Spiel trainiert die Beteiligten zu einem selbstbewußten Verhalten, aber auch zur Toleranz. Außerdem kann der Lehrer erkennen, inwieweit die einzelnen Schüler spielbereit sind.

Ein Beispiel aus dem Sport macht deutlich, wie die Interaktion funktioniert: Bei einem Boxkampf stehen sich die Kontrahenten gegenüber und versuchen, sich gegenseitig durch Schläge zu besiegen. Nehmen wir einmal an, der Boxer

A schlägt den Boxer B ins Gesicht. Hier gibt es drei Möglichkeiten der Wirkung. Entweder schlägt B zurück und deutet damit an, daß er nicht nur gewillt ist, sich zu verteidigen, sondern signalisiert auch durch seine Aktivität Siegeswillen. Oder er fällt getroffen zu Boden, was von dem Boxer A als Sieg gedeutet werden kann. Schließlich wäre es aber auch noch möglich, daß er weder zurückschlägt noch zu Boden fällt, sondern gar nicht reagiert. In der Boxersprache nennt man das Hin und Her von Schlägen «Schlagabtausch» und dies führt uns wieder zur Interaktion. Der im verbalen und nonverbalen Bereich stattfindende «Schlagabtausch» ist Inhalt der Interaktion.

Eine willkommene Bereicherung und Erweiterung einer Interaktionsübung kann eine Rätselaufgabe sein, wie das folgende Beispiel zeigt:
– Der Lehrer wählt zwei Schüler aus. Das Thema heißt: Zollkontrolle. Die Situationsschilderung ist folgendermaßen: Am Kontrollpunkt wartet der Zöllner auf einen Passagier, er fordert ihn auf, seinen Koffer zu öffnen. Dieser weigert sich, schließlich muß er aber einsehen, daß er gegen den Zöllner machtlos ist und beugt sich dem Gesetz. Der Koffer wird geöffnet und der Zöllner entdeckt geschmuggelte Ware. Der Passagier versucht nun durch Überredungskünste ungeschoren davonzukommen, aber der Zöllner läßt sich nicht beirren. Hier endet die Schilderung. Die Ware, die nicht genannt werden soll, und das Ende des Spiels müssen «Zöllner» und «Passagier» selbst erfinden.
Die Zuschauer sollen nun die Ware erraten.
(Der Lehrer sollte hier auf eine Zeitbegrenzung achten, die aber immer einzeln festgelegt werden muß und hier nicht angegeben werden kann.)

Allen Interaktionsübungen fällt eine Doppelfunktion zu: einmal soll der Einstieg in die Rolle trainiert und zum anderen sollen Umfelder geschaffen und erfahrbar gemacht werden. So entsteht eine Basis für das spätere Rollenspiel. Nachdem im Sensibilisierungstraining durch die Aufteilung in nonverbale und verbale Übungen die Rolle sozusagen zerlegt wurde, wird sie durch die Interaktionsübungen wieder zu einer Einheit zusammengefügt. Nun hat sie sich in einer fiktiven Situation zu bewähren.

An der Spielfreude der Schüler kann der Lehrer bei den Interaktionsübungen aber auch die Bereitschaft für das Rollenspiel ablesen. Der Schüler übernimmt mit Freude seinen Part. Dies wird man beim Sensibilisierungstraining noch nicht sagen können, weil der Schüler noch nicht genügend motiviert wurde. Deshalb ist es wichtig, daß die Reihenfolge eingehalten wird. Ein nochmaliger Vergleich mit dem Fußballspiel zeigt, daß Motivation nicht nur etwas mit Einstimmung zu tun hat, sondern auch mit einem behutsamen Aufbau, an dessen Ende der gewünschte Effekt steht.

Der Fußballspieler wärmt sich erst auf und trainiert dann, nicht umgekehrt. Eine Vertauschung der Reihenfolge, etwa erst zu trainieren und sich dann aufzuwärmen, wäre sinnlos. Am Schluß der zielgerichteten Vorbereitung steht dann der Einsatz im Fußballspiel. Im Training werden aber immer nur die Bewegungsabläufe trainiert, die für die entsprechende Sportart wichtig sind. Das sind beim Fußballspieler vor allen Dingen der Umgang mit dem Ball und die läuferische Schnelligkeit. Folglich wird sich das Training im wesentlichen mit Übungen befassen, die die erforderlichen Fähigkeiten verbessern sollen. Bei einem Schwimmtraining zum Beispiel muß nicht das Laufen geübt werden.

*Rollenspiel*

Wir sehen also, daß ein Sporttraining immer zielgerichtet ist. Und genauso ist es bei der Vorbereitung zum *Rollenspiel,* welches die dritte Stufe darstellt. Hier werden nicht nur die vorhergegangenen Übungen zusammengefaßt, sondern das Rollenspiel wird auch noch in verschiedene Arten unterteilt.

Es sind dies: Das «freie Rollenspiel», das «schematisierte Rollenspiel» und das «Rollenspiel als Wissensvermittlung».

Auch wenn es sich hier um verschiedene Formen handelt, so bleibt doch die Struktur des Rollenspiels immer gleich. Die Unterscheidung wurde deshalb vorgenommen, weil die Vorgaben zum Rollenspiel untereinander abgegrenzt werden müssen. Für den Einsatz und die Ausführung bedeutet es schon sehr viel, ob zum Beispiel ein Text vorgegeben wird oder nicht.

Das «freie Rollenspiel» ist die Form, die von einer Situationsbeschreibung mit stichwortartigem Inhalt ausgeht. In der Improvisation werden Reaktionsschnelligkeit, Kompromißbereitschaft und Assoziation trainiert.

Was damit gemeint ist, wird am Beispiel aus dem Religionsunterricht deutlich:

– Ein Schüler soll einen Priester darstellen, der einen Krankenbesuch macht. Das folgende Handlungsgerüst kennzeichnet die inhaltliche Situation.
   Priester spricht außerhalb des Krankenzimmers mit der Krankenschwester (Spital). Eine Kontaktperson des Kranken spricht mit dem Priester über die Krankheit (im Haus des Kranken). Priester betrit Krankenzimmer (Spital). Kranker freut sich über den Besuch / Dialog (trostspendende Worte des Priesters). Kranker berichtet über seinen Gesundheitszustand. Priester betet gemeinsam mit dem Kranken. Priester verabschiedet sich und verläßt Krankenzimmer.

Da wesentliche Angaben zum Inhalt fehlen, müssen die Schüler die Merkmale selbst erfinden. Die Krankheit und der Gesundheitszustand werden nicht erwähnt, und über den Dialog ist auch nichts bekannt. So ergibt sich ein improvisiertes Spiel, welches ganz von der Situation bestimmt wird. Die Schüler müssen hier ganz besonders ihre Phantasie einsetzen.

Die Formulierung «freies Rollenspiel» besagt ja vor allen Dingen, daß absichtlich ausgesparte Informationen nach Wahl eingesetzt werden können. Dies dürfte den Schülern nicht schwer fallen, wenn ihnen die Situation entsprechend erklärt worden ist.

Das «schematisierte Rollenspiel» wird deshalb so genannt, weil die Spielvorlage einem Schema gleicht, welches die Anlage des Spiels detailliert vorschreibt. So wird nicht nur der Raum klar skizziert, sondern auch der Handlungsablauf. Der Dialog wird mit Kurzbeispielen vorgestellt. So erlernt der Schüler Disziplin, Dialogbereitschaft und Toleranz, indem er sich einem Schema unterordnen muß. Ein anschauliches Beispiel bietet da eine Stelle aus der Erzählung «Gladius Dei» von Thomas Mann:

«Hieronymus schritt die Ludwigstraße hinauf, langsam und fest, gesenkten Hauptes, inmitten des breiten, ungepflasterten Fahrdammes, entgegen der gewaltigen Loggia mit ihren Statuen. Aber auf dem Odeonsplatz angelangt, blickte er auf, so daß sich Querfalten auf seiner kantigen Stirn bildeten, und hemmte seine Schritte, aufmerksam gemacht durch die Menschenansammlung vor den Auslagen der großen Kunsthandlung, des weitläufigen Schönheitsgeschäftes von M. Blüthenzweig.

Er erreichte das erste Fenster, dasjenige, hinter dem das aufsehenerregende Bild sich befand.

Die große, rötlichbraune Photographie stand, mit äußerstem Geschmack, in Altgold gerahmt, auf einer Staffelei inmitten des Fensterraumes. Es war eine Madonna, eine durchaus modern empfundene, von jeder Konvention freie Arbeit. Die Gestalt der heiligen Gebärerin war von berückender Weiblichkeit, entblößt und schön. Ihre großen, schwülen Augen waren dunkel umrändert, und ihre delikat und seltsam lächelnden Lippen standen halb geöffnet. Ihre schmalen, ein wenig nervös und krampfhaft gruppierten Finger umfaßten die Hüfte eines Kindes, eines nackten Knaben von distinguierter und fast primitiver Schlankheit, der mit ihrer Brust spielte und dabei seine Augen mit einem klugen Seitenblick auf den Beschauer gerichtet hielt.

Zwei andere Jünglinge standen neben Hieronymus und unterhielten sich über das Bild, zwei junge Männer mit Büchern unter dem Arm, die sie aus der Staatsbibliothek geholt hatten oder dorthin brachten, humanistisch gebildete Leute, beschlagen in Kunst und Wissenschaft.

‹Der Kleine hat es gut, hol mich der Teufel!› sagte der eine.

‹Und augenscheinlich hat er die Absicht, einen neidisch zu machen›, versetzte der andere. ‹Ein bedenkliches Weib!›

‹Ein Weib zum Rasendwerden! Man wird ein wenig irre am Dogma von der unbefleckten Empfängnis.›

‹Ja, ja, sie macht einen ziemlich berührten Eindruck. – Hast du das Original gesehen?›

‹Selbstverständlich. Ich war ganz angegriffen. Sie wirkt in der Farbe noch weit aphrodisischer – besonders die Augen.›

‹Die Ähnlichkeit ist eigentlich doch ausgesprochen.›

‹Wieso?›

‹Kennst du nicht das Modell? Er hat doch seine kleine Putzmacherin dazu benützt. Es ist beinahe Porträt, nur stark ins Gebiet des Korrupten hinaufstilisiert. – Die Kleine ist harmloser.›

‹Das hoffe ich. Das Leben wäre allzu anstrengend, wenn es viele gäbe, wie diese mater amata.›

‹Die Pinakothek hat es angekauft.›

‹Wahrhaftig? Sieh da! Sie wußte wohl übrigens, was sie tat. Die Behandlung des Fleisches und der Linienfluß des Gewandes ist wirklich eminent.›

‹Ja, ein unglaublich begabter Kerl.›

‹Kennst du ihn?›

‹Ein wenig. Er wird Karriere machen, das ist sicher. Er war schon zweimal beim Regenten zur Tafel.›

Das letzte sprachen sie, während sie anfingen, von einander Abschied zu nehmen.

‹Sieht man dich heute abend im Theater?› fragte der eine.

‹Der dramatische Verein gibt Macchiavellis Mandragola zum besten.›

‹Oh, bravo. Davon kann man sich Spaß versprechen. Ich hatte vor, ins Künstlervarieté zu gehen, aber es ist wahrscheinlich, daß ich den wackeren Nicolo schließlich vorziehe. Auf Wiedersehen.›

*Sie trennten sich, traten zurück und gingen nach rechts und links auseinander.»*

Zweierlei lernen die Schüler an diesem Beispiel. Erstens den Umgang mit gestischen Ausdrucksmitteln und zweitens den Einsatz der assoziativen Phantasie.

Während die beschreibenden Stellen von einem Sprecher vorgetragen werden, setzt Hieronymus das Gehörte in Körpersprache um. So kann sich der Schüler, der den Hieronymus spielt, gestisch ausleben.

Die assoziative Phantasie veranlaßt die beiden Jünglinge, das Bild, welches sie betrachten, auch zu «sehen», das heißt, sie müssen versuchen, sich das Bild nach den im Dialog gegebenen Angaben vorzustellen. Der inhaltliche Wert der Szene liegt darin, daß die beiden nur über Äußerlichkeiten sprechen, sie gewinnen keinen Eindruck von dem Bild und begreifen auch die Aussage nicht.

Die Gattung «Rollenspiel als Wissensvermittlung» bezieht sich auf das Erlernen von Wissensstoffen, die durch Sachinformationen vorgelegt werden.

Natürlich hat jedes Rollenspiel eine Wissensvermittlung zum Ziel, aber hier geht es um die nüchterne Aussage eines Tatbestandes, der durch das Rollenspiel vermittelt werden soll. Anschaulich wird dies in dem Bericht über die «Taschenuhr» dargestellt, der hier als Beispiel dienen soll:

*«Das Ende des Mittelalters brachte nicht nur die so wichtige Erfindung des Buchdrucks. Im gleichen Zeitraum wurden auch andere Erfindungen gemacht, die uns Menschen des 20. Jahrhunderts schon längst ganz selbstverständlich geworden sind. Um 1500 konstruierte der Nürnberger Peter Henlein die erste Taschenuhr, die in einer lateinischen Beschreibung Deutschlands aus jener Zeit folgenden Wortlaut hat: ‹Aus Eisen machte er (Henlein) kleine Uhren, die beliebig umgedreht werden können, mit vielen Rädern angeordnet, die kein Zuggewicht haben, 40 Stunden lang anzeigen und im Busen oder im Geldbeutel getragen werden können.›*

*Die Zeitmessung war schon den Babyloniern bekannt; sie hatten die Zwölf-Stunden-Einteilung eingeführt. Seit altersher gebrauchte man für die Zeitmessung auch die Sanduhr, die im heutigen Haushalt vielleicht noch hier und dort als Eieruhr beim Eierkochen verwendet wird. Auch der Gebrauch von Wasseruhren – sie waren nach dem ähnlichen Prinzip gebaut wie die Sanduhren – ist schon in sehr früher Zeit nachweisbar, für China bereits im 3. Jahrhundert vor Christus. Neben Sand- und Wasseruhren gehören die auch heute noch oft als Schmuck angebrachten Sonnenuhren zu den ältesten Zeitmessinstrumenten.*

*Um 1450 wurde dann in Nürnberg die Gewichtsuhr erfunden, wie wir sie heute noch als Kuckucksuhr kennen. Doch all die genannten Geräte waren entweder groß und unhandlich oder sie forderten ständige Beobachtung oder waren von der Witterung abhängig. Für Reisen über Land und Meer kamen sie kaum in Frage – da benötigte man ein kleines, tragbares und jederzeit verwendbares Instrument. Peter Henlein, von Beruf Schlosser, gelang es, mit einer Uhr in Dosenform die erste brauchbare Taschenuhr zu entwickeln.»*

Es ist hier die Aufgabe des Schülers, aus einer nüchternen Beschreibung eine Handlung und einen Dialog zu machen. So entstehen für eine Reihe von Schülern interessante Aufgaben. Eine Gruppe schreibt die Handlung und den Dialog und eine andere spielt nach der Vorlage.

Die schreibende Gruppe erlernt nicht nur das Konzipieren von Handlung, sondern wird durch den Kommentar der spielenden Gruppe erfahren, ob sich die erstellte Vorlage zum Rollenspiel eignet. Dadurch wird ein Beitrag zur Kritikfähigkeit geleistet. Es wird sich nämlich bald herausstellen, daß noch längst nicht jedes geschriebene Wort auch sprechbar ist. Und dasselbe gilt für den Ablauf einer Handlung. So ist es hier also ganz besonders wichtig, daß vor der Niederschrift eine Einigkeit über den Handlungsablauf besteht.

*Theatertexte*

Das letzte Kapitel *Theatertexte spielen* kann als Anhang betrachtet werden.

Eigentlich ist es selbstverständlich, daß Theatertexte gemäß dem Willen der Autoren gespielt werden. War es bisher üblich, daß Theatertexte im Unterricht mit verteilten Rollen gelesen wurden, so soll hier ein Weg aufgezeigt werden, wie die für eine Aufführung gedachten Vorlagen im Unterrichtsraum szenisch dargestellt werden können. Die Dialogführung und der Einsatz von Gestik und Mimik sind dabei das zentrale Thema. «Theatertexte spielen» bedeutet also die Fortsetzung der Lektüre mit szenischen Mitteln.

Dabei wird nicht an eine Bühnenaufführung gedacht. Somit kann diese Übung auch nicht eine Probenarbeit ersetzen, die einer Bühnenaufführung vorausgeht.

Wohl kann das schon erläuterte Rollenspiel-Modell als Einstieg für die szenische Darstellung von Dramentexten benutzt werden. Dabei genügt eine einmalige Durchführung. Die Übung muß also nicht jedesmal einer Unterrichtseinheit, die sich mit Dramentexten befaßt, vorangestellt werden. Die Schüler brauchen auch den ihnen durch die Rolle zugewiesenen Text nicht auswendig zu lernen.

Durch das Umsetzen von der gelesenen zur gespielten Rolle erfahren die Schüler einen Motivationsschub, der ihr künstlerisches Potential freisetzen kann. Indem die Schüler sich mit der Ausdrucksgestaltung von künstlich entworfenen Figuren auseinandersetzen, überprüfen sie ihre eigenen Ausdrucksmöglichkeiten. Außerdem wird ihnen durch die Übernahme von Rollen mit Vorbildfunktion die Identifikationssuche erleichtert.

Die Beschäftigung mit Bühnencharakteren, deren Verhalten vom Autor zwingend vorgeschrieben wird, erlaubt den Schülern eine Einsicht in festgefügte Verhaltensmuster, die ihnen wiederum ein Gefühl für die in der Wirklichkeit bestehenden Eingrenzungen gibt. Durch die Reproduktion von kommunikativen Inhalten können sie Rückschlüsse auf ihre eigene Position in der Gesellschaft ziehen.

Das Einstudieren von Dialogen fördert die Kunst des Sprechens und Zuhörens, schult die rhetorischen Fähigkeiten und erprobt den Einklang von Wort und Gebärde.

Da der Umgang mit Theatertexten auch immer der Persönlichkeitsentfaltung dient, muß der Lehrer die Rollen nach pädagogischen Gesichtspunkten verteilen, das heißt beispielsweise, daß ein vermeintlich schwächerer Schüler die Bühnenrolle eines Helden übernimmt. Und umgekehrt kann ein draufgängerischer Schüler durch die Übernahme einer Bühnenrolle, die leise Töne verlangt, sein eigenes Verhalten überprüfen. Dieses Vorgehen hat ausschließlich einen pädagogischen Nutzen und keinen künstlerischen Wert.

Schließlich bilden die gespielten Theatertexte die Basis für weiterführende Diskussionen. Dies gilt vor allen Dingen für die Schüler, die als Zuschauer fungieren. Es geht darum, daß neben der inhaltlichen Diskussion auch die Art der Darstellung kritisch untersucht werden soll.

Ein gutes Beispiel für Körpersprache ist eine Szene aus Schillers «Don Carlos». Im Dialog zwischen dem Großinquisitor und dem spanischen König Philipp wird durch festgelegte Verhaltensweisen deutlich, daß sich hier nicht mehr zwei Menschen begegnen, sondern die weltliche und kirchliche Macht aufeinandertreffen.

Der Schüler, der die Rolle des Großinquisitors spielt, kann das Blindsein zumindest dadurch andeuten, daß er den Text ohne aufzuschauen abliest. So kann er den Eindruck vermitteln, daß er seine Umgebung nicht sieht. Er muß sich aber auch bewußt machen, daß das Blindsein nicht nur sein persönliches Schicksal betrifft, sondern auch als Symbol für die Blindheit der Institution Kirche steht. Wie ist nun diese Doppelbödigkeit einer Rollenaussage für einen Schüler zu erreichen? Wird die Rolle im Umkehrverfahren mit einem feinnervigen Schüler besetzt, so können Schillers Worte eine neue Dimension erhalten.

Der betreffende Schüler würde sogar durch sein möglicherweise leises Sprechen und seinen verhaltenen Ausdruck deutlich machen, daß er als ein Repräsentant einer Großmacht es nicht nötig hat sich aufzuregen. Was nicht heißen soll, daß er diesen Dialog völlig emotionslos führen soll. Eine solche Interpretation verleiht der Szene etwas Gespenstisches.

Ein Ausschnitt macht verständlich, warum dies so ist:

«*Großinquisitor:*
Nein, Sire, mich hintergeht man nicht. Sie sind
Durchschaut – und wollten Sie entfliehen.
Des Ordens schwere Ketten drückten Sie;
Sie wollten frei und einzig sein.
Wir sind gerochen – Danken Sie der Kirche,
Die sich begnügt, als Mutter Sie zu strafen.
Die Wahl, die man Sie blindlings treffen lassen,
War Ihre Züchtigung. Sie sind belehrt.
Jetzt kehren Sie zu uns zurück – Stünd ich
Nicht jetzt vor Ihnen – beim lebendgen Gott!
Sie wären morgen so vor mir gestanden.
…
Warum rufen Sie
Den Schatten Samuels herauf? – Ich gab
Zwei Könige dem span'schen Thron und hoffte,
Ein fest gegründet Werk zu hinterlassen.
Verloren seh ich meines Lebens Frucht,
Don Philipp selbst erschüttert mein Gebäude.
Und jetzo, Sire – Wozu bin ich gerufen?
Was soll ich hier? – Ich bin nicht willens, diesen
Besuch zu wiederholen.»

Wesentlich emotionsvoller würden diese Passagen gespielt, wenn die Rolle einem impulsiven Schüler übertragen würde. Er könnte sich in der Rolle ausleben, was den persönlichen Charakter des betreffenden Schülers festigen würde. Der feinnervige Schüler hingegen würde mit einem für ihn fremden Verhalten konfrontiert.

So wäre es ratsam und wünschenswert, wenn die unterschiedlichsten Charakteranlagen an dieser Rolle ausprobiert würden. Da es sich hier ja nur um zwei Personen handelt, kann diese Szene mit verschiedenen Schülern wiederholt werden. Was für die Besetzung des Großinquisitors gilt, kann in gleichem Maße auch für die Besetzung des Philipp in Anspruch genommen werden.

Wird der Philipp mit einem temperamentvollen Schüler besetzt, so wird der Kniefall vor dem Großinquisitor nicht ein Eingeständnis seiner Schwäche, sondern er besagt, daß Philipp als König vor dem Kirchenfürsten niederkniet. Darüber hinaus besagt der Kniefall aber auch, daß sich die weltliche Macht der kirchlichen Macht unterordnet.

Das persönliche Erlebnis des betreffenden Schülers ist es, daß er lernt sich unterzuordnen.

Umgekehrt wäre es nicht besonders verwunderlich, wenn ein leiser und in sich gekehrter Schüler einen Kniefall vor einer überragenden Gestalt machen würde.

Aber auch aus dieser Situation kann der betreffende Schüler lernen, wenn er sich verdeutlicht, was es für Philipp bedeutet niederzuknieen. Er kniet nämlich vor niemandem zu keiner Zeit nieder.

Für das persönliche Lernen des Schülers heißt das: Anerkennung der gesellschaftlichen Ordnung, Toleranzbereitschaft und Demut.

Dies ist eine Form der Darstellung, eine andere ist das Ensemblespiel, das heißt, daß mehrere Personen gleichzeitig auf der Bühne miteinander sprechen und spielen. Für die Schüler ist dies eine gute Form zur Einübung von Gemeinschaftssinn und zur Erlernung von Verhaltensmustern in der Gruppe. Indem der eine auf den anderen angewiesen ist, muß er versuchen sich anzupassen.

Das Ensemblespiel auf der Bühne bietet somit einen anschaulichen Vergleich zu gesellschaftlichen Strukturen in der Wirklichkeit.

Nehmen wir ein Beispiel aus «Die Physiker» von Friedrich Dürrenmatt: die Szene, in der sich Möbius, Newton und Einstein zum Essen treffen, die sich am Anfang des zweiten

Aktes befindet. Es handelt sich darum, daß sie sich als Physiker ausgeben und Newton sogar gegen Einstein die Pistole zieht. Wichtiger als der Text sind in diesem Abschnitt die Regieanmerkungen von Dürrenmatt, die uns die Möglichkeit eröffnen, genau nachzuvollziehen, wer wann wo sitzt und welche Gänge gemacht werden. Dadurch bleibt das Arrangement nicht dem Zufall überlassen, und wir können uns zum Beispiel auf Aktionen und Reaktionen der einzelnen Figuren konzentrieren.

Betrachten wir einmal den wechselseitigen Vorgang von Spannung und Entspannung in dem Moment, wo Newton die Pistole zieht.

Die Textstelle lautet:
«*Newton hält plötzlich einen Revolver in der Hand*
Newton: *Darf ich bitten, Eisler, sich mit dem Gesicht gegen die Wand zu stellen?*
Einstein: *Aber natürlich.*
*Er schlendert gemächlich zum Kamin, legt seine Geige auf das Kaminsims, kehrt sich dann plötzlich um, einen Revolver in der Hand.*»
Dieser Moment darf natürlich nicht in Wildwest-Manier dargestellt werden, was aber nicht ausschließt, daß man den Überraschungseffekt deutlich zeigt. Spannung ist nur durch Aktion und Reaktion erzeugbar. So könnte die zitierte Stelle folgendermaßen ablaufen: Newton sitzt am Tisch und hinter ihm liegt Einsteins Zimmer. Das bedeutet also, daß Einstein bei seinem Auftritt hinter dem Rücken von Newton steht. Newton muß sich also, wenn er Einstein bedrohen will, umdrehen. Bevor er dies tut, zieht er die Pistole, die zwar vom Publikum gesehen wird, aber nicht von Einstein. Dann dreht er sich hastig um, während Einstein völlig überrascht, mit der Geige in der Hand, die Arme hochhebt. So dirigiert Newton Einstein zum Kaminsims, nachdem dieser «Aber natürlich» gesagt hat. Der Zuschauer muß an dieser Stelle völlig im Unklaren gelassen werden, was jetzt eigentlich geschieht. Indem hier die Spannung durch die dargestellte

Situation erzeugt wird, überträgt sie sich auf die Zuschauer.

In einer ebenso hastigen Bewegung wie vorher Newton richtet Einstein jetzt seinen Revolver auf Newton. Nur dadurch, daß jetzt keiner mehr im Vorteil ist, kann sich entweder die Spannung lösen oder sie steigt solange an, bis es zu einer Explosion kommt. In unserem Fall wäre das dann, daß beide aufeinander schießen. Ein solcher Ausgang hätte dann schon etwas mit Wildwest zu tun. Bei Dürrenmatt kommt es zur Entspannung. Beide legen ihre Revolver zur Seite.

Natürlich sind auch andere Stellungen und Interpretationen denkbar, wenn aber die Schüler das Ertragen von Spannung und Konzentration lernen sollen, dann bietet sich diese Möglichkeit an.

Die ausgesuchte Textstelle zeigt aber auch, daß sie erst dann wirklich zur Geltung kommt, wenn sie gespielt wird. Selbst wenn die Regieanweisungen bei der Lektüre laut vorgelesen werden, kann kein nachhaltiger Eindruck vermittelt werden.

Man kann über Aktion und Reaktion, Spannung und Entspannung diskutieren, man kann diese Vorgänge beschreiben, aber erzeugen kann man sie nur durch die praktische Anwendung von Ausdrucksmitteln.

Die pädagogische Nutzanwendung ist hier besonders ausgeprägt, weil der Schüler etwas über seine Ausdrucksmittel und deren gezielte Anwendung erfährt. Dies lernt er, nicht weil er eine vorgeschriebene Situation besonders gelungen kopiert hätte, sondern weil er die Erfahrungen, die er mit der Rolle gemacht hat, in seinen persönlichen Erlebnisbereich überträgt.

So kann die Schlußfolgerung gezogen werden: Wer einer solchen Belastung, auch wenn es sich um eine fiktive Situation handelt, standhält, der hält auch dem Leistungsdruck stand.

Versuchen wir noch die Frage zu klären, ob und wie Dramentexte des «absurden Theaters» eingesetzt werden können.

Vorab soll definiert werden, was damit gemeint ist. «Absurdes Theater» ist der Begriff für eine Reihe von Stücken einer Autorengruppe, die in Frankreich lebt. Wenn auch jeder dieser Autoren eine andere Absicht verfolgt, so ist doch allen Stücken einiges gemeinsam. Zuerst war die Zersprengung der traditionellen Stückdramaturgie zu beobachten. Die bis dahin übliche Akt-Einteilung und der kurvenhafte Verlauf eines Stückes wurde aufgehoben. An ihre Stelle trat eine willkürliche Szenenfolge, die nicht unbedingt am Schluß eines Stückes eine Lösung für die im Stück auftretenden Probleme aufzeigen mußte oder etwa eine Versöhnung anbot. Viele Stücke dieses Genres hören ohne Schluß auf, so daß die Zuschauer am Ende ratlos zurückbleiben. Dies mag unangenehm sein, bietet aber dem Publikum die Chance, sich seinen eigenen Schluß zu suchen. Damit ist auch eine Art Rätselcharakter gegeben.

Eine andere Gemeinsamkeit ist, daß immer Menschen in extremen Situationen gezeigt werden. Die auftretenden Figuren sind Gefangene von anonymen Kräften, sie sind eingesperrt in einem Niemandsland. Die Autoren konstruieren Fabeln, in deren Mittelpunkt zu Ungeheuern überhöhte Figuren stehen. So entsteht ein Theater des Unheimlichen, in dem die Alltagswelt in erschreckender Weise präsent ist. Die handelnden Personen nehmen die Außenwelt nur noch durch das Prisma ihrer Ängste, Zwangsvorstellungen und Wahnbilder wahr. Ihre Leiber verwandeln sich in surrealistische Anatomien, werden vergrößert oder verstümmelt gezeigt und haben ihren Ursprung in der surrealistischen Malerei. Die Sprache dient nicht mehr der Kommunikation, sondern verliert sich in Sprachfetzen, Halbwahrheiten, Klischees und Tiraden von Gemeinplätzen. In dieser Enthumanisierung von Raum und Sprache bleibt den Menschen nichts anderes übrig, als sich ihrem von einer anonymen Macht abhängigen Schicksal zu fügen.

Die Absurdität ist also auf mehreren Ebenen vorhanden. Wer in diesen Stücken nicht auch einen Symbolcharakter sieht, hat das Anliegen der Autoren nicht verstanden. Sie berufen sich im übrigen auf die antike Tradition. Von Aristophanes existiert ein Stück mit dem Titel «Die Vögel», in dem menschenhafte Wesen als Vögel auftreten, wie Menschen sprechen und eine menschliche Lebensgemeinschaft eingegangen sind.

Einer der prägnantesten Vertreter des «absurden Theaters» ist Samuel Beckett, der seine Stücke als Sprachrohr für seine «Philosophie des Nichts» betrachtet. Auch wenn sein Denkmodell dem des Vorsokratikers Heraklit verwandt ist, so nimmt er doch unter den absurden Autoren eine Sonderstellung ein. Seine Figuren nämlich sind mit der griechischen Mythologie verwandt und als wesenhafte Symbole zu betrachten. Sein Stück «Endspiel» zeigt dies sehr deutlich: Vier Personen leben in einem Raum, der nicht zu lokalisieren ist. Zwar schreibt der Autor vier Wände vor und ein Fenster, aber es ist kein Wohnraum, sondern wird für die Funktionen der Figuren benötigt. Der blinde «Hamm», der nicht gehen kann, und der sehr gut sehende «Clov», der immer herumrennen muß, sind die Hauptdarsteller. Und am Rande lebt in Mülltonnen ein dahinvegetierendes Elternpaar. Und gerade dies wurde bei dem Stück am heftigsten kritisiert mit der Bemerkung, daß man doch zwei Menschen nicht in Mülltonnen leben lassen könne. Dieses Beispiel macht deutlich, daß nicht die Symbolkraft der Figuren, sondern nur ihre Äußerlichkeit verstanden wurde. Es geht doch nicht darum, daß Eltern ein menschenunwürdiges Leben in Mülltonnen verbringen, sondern sie symbolisieren ganz im Gegenteil den Umgang mit den Eltern und mit den alten Menschen ganz allgemein. Sie sind der Abfall der Gesellschaft, will der Autor uns damit sagen. Und wer noch die chinesische Kulturrevolution in Erinnerung hat, konnte in der Praxis erfahren, was hier Beckett gemeint hat.

Hamm, der Haustyrann, und Clov, der nicht sitzen kann, zeigen uns durch ihr Verhalten die menschlichen Eigenschaften der Blindheit, der Sturheit und der Intoleranz einerseits und andererseits die Eilfertigkeit, die Hast und Hetze des täglichen Lebens.

So ist «Endspiel» kein negatives Stück, auch wenn es so scheinen mag, sondern ein Fingerzeig auf Verhältnisse, die verändert werden müssen. Wegen der verschlüsselten Sprache ist dies für den Zuschauer natürlich nicht so leicht durchschaubar.

Der andere prominente Autor dieser Gruppe, der ebenso wie Beckett zu den geistigen Vätern des «absurden Theaters» gehört, ist Eugène Ionesco. Er führte das «Anti-Theater» ein, das heißt, er wollte Theater gegen das Brechtsche Theater machen. Ionesco negierte die von Brecht eingebrachten Begriffe, er akzeptierte sie nicht und brachte seine ureigensten Horrorvisionen von einer inhumanen, unterdrückten und terrorisierten Welt auf die Bühne.

«Keine Gesellschaft hat die Trauer des Menschen aufheben können, kein politisches System kann uns von dem Leiden an der Existenz befreien, von der Furcht vor dem Sterben, von unserem Durst nach dem Absoluten. Das Sein des Menschen bestimmt das Sein der Gesellschaft und nicht umgekehrt, deshalb muß die Sprache der Gesellschaft zertrümmert werden, sie besteht nur aus Gemeinplätzen, leeren Formeln und Schlagworten» (Ionesco).

So wird Ionesco zum Streiter der Phantasie, des Imaginären und vor allem für ein freies, sich selbst bestimmendes Individuum.

In dem Stück «Die kahle Sängerin» unterhalten sich Mrs. und Mr. Smith beim Abendessen, das heißt, sie reden aneinander vorbei. Sie erhalten Besuch von einem zweiten Paar, Mrs. und Mr. Martin, die auf die gleiche Weise miteinander kommunizieren. Nach einem langwierigen Fragespiel finden sie heraus, daß sie Ehepaare sind. Allmählich zerfällt der Dialog in Buchstaben und Silben. Es wird dunkel. Das Licht geht wieder an und am Tisch sitzt das Paar Martin, so wie am Anfang das Paar Smith. Das Spiel fängt wieder von vorne an.

Mit diesem Stück deutet Ionesco an, daß wir in einer Welt des Nicht-mehr-zuhören-Könnens leben, daß wir nur noch Geschwätz zustande bringen. Hier könnte der gesellschaftliche small-talk Pate gestanden haben.

Ein anderes Stück, «Die Nashörner» betitelt, zeigt die Schwerfälligkeit unserer Gesellschaft. Indem sich der Mensch zum Nashorn verwandelt, signalisiert er, daß er sich der Gesellschaft zugehörig fühlt. Zwar war man zunächst gegen Nashörner, aber allmählich gewöhnt man sich daran und findet es nun chic. Man reiht sich in die Herde der alles zertrampelnden Dickhäuter ein. Der Anpassungsprozeß ist vollzogen. Nur ein einziger Bürger, Behringer nämlich, widersetzt sich dem beginnenden Massenwahn.

*«Indem das Theater des Absurden»*, schreibt Martin Esslin («Das Theater des Absurden», Rowohlt / Reinbek, 1965), *«der tragischen Erkenntnis vom Verlust aller endgültigen Gewißheiten Ausdruck verleiht, wird es paradoxerweise zu einem Symptom jener Bestrebungen, die man vielleicht als die echte religiöse Suche unserer Zeit bezeichnen könnte. Es macht eine – wenn auch noch so schüchterne und zaghafte – Anstrengung, zu lachen, zu weinen und zu brummen, mit der es zwar nicht Gott loben will, mit der es aber immerhin eine Dimension des Unsagbaren zu erreichen trachtet. Es ist ein Versuch, dem Menschen die elementaren Realitäten seines Daseins wieder zum Bewußtsein zu bringen, ihm das verlorene Staunen angesichts des Kosmos und die Urangst wieder einzuflößen, ihn aufzurütteln aus einer trivial, mechanisch und selbstgefällig gewordenen Existenz, der jene Würde fehlt, die aus Bewußtheit erwächst.»*

Wenn es so ist, wie Esslin definiert, dann hat das «absurde Theater» sämtliche Stufen der Entwicklung übersprungen und knüpft direkt an die antiken Dramen an. Auch Sophokles zeigt in seinem «König Ödipus» das Schreckliche, um eine Läuterung zu provozieren.

Obwohl das «absurde Theater» sich nicht in der Antike abspielt, übernimmt es dennoch ihre Strukturen. Vielleicht kann man auch sagen, daß es Empfindungen sichtbar macht. Mit parodistischen Mitteln wird auf Mißstände hingewiesen, und damit hat das «absurde Theater» auch eine erzieherische Funktion.

Was können nun Schüler daraus lernen, wenn sie Rollen aus absurden Stücken übernehmen?

Die in Mülltonnen lebenden Eltern im «Endspiel» fordern die Schüler dazu auf, soziales Engagement zu übernehmen. Indem sie selbst in einer Begrenzung agieren müssen, erfahren sie zum Beispiel, was es heißt behindert zu sein. Sie lernen aber auch, wie man sich in der Begrenzung anpassen kann, erfahren die Überwindung von Existenzängsten und fördern dadurch das Selbstbewußtsein. Dasselbe gilt für die Schüler, die die Rollen des «Hamm» und des «Clov» spielen.

Um das «Endspiel» im Unterrichtsraum durchzuführen, benötigen wir eigentlich nur Stühle. «Hamm» sitzt in der Mitte des Raumes und trägt zum Zeichen der Blindheit eine Sonnenbrille. Links von ihm stehen in einiger Entfernung zwei Stühle, die die Tonnen markieren. Das «Endspiel» läßt sich auf engstem Raum darstellen.

Die Stücke Ionescos haben für die Schüler zweierlei Funktion. Zunächst werden die Schüler, die Rollen in «Die kahle Sängerin» übernehmen, daran erinnert, daß sie in der Wirklichkeit ihre Sprache kontrollieren sollen, sonst kommt das dabei heraus (moralischer Zeigefinger), was uns das Stück zeigt.

In «Die Nashörner» sollen die Schüler vor Massenhysterie gewarnt werden und dabei lernen, wie sie ihre Individualität entwickeln können. Die andere Funktion ist, daß alle Stücke immer auch Demonstrationscharakter haben. Und dies gilt besonders für die zuschauenden Schüler. Ihnen wird einerseits vorgeführt, daß Menschen nicht mehr zur Kommunikation fähig sind, wenn sie sich nicht mehr ausdrücken können und andererseits, welche Erfahrungen man macht, wenn man versucht «gegen den Strom zu schwimmen».

Der Raum für diese Stücke ist leicht herzustellen. In der Mitte steht ein Tisch mit vier Stühlen. Hier findet die Szene statt. Dies betrifft «Die kahle Sängerin». Für «Die Nashörner» wird nur ein leerer Raum benötigt.

Bei allen Belehrungen, die das «absurde Theater» vermitteln will, muß man aber die Frage stellen: Kann man diese skurrilen Figuren überhaupt ernst nehmen? Sind es nicht Clowns, die uns zum Lachen bringen wollen?

Oft sind diese Stücke als Zirkus-Stücke, als Vorstellungen in der Manege gedeutet worden. Auch die Sprache in den absurden Stücken, die mit unserer Alltagssprache nichts mehr gemein hat, kann nur dazu animieren, lauthals zu lachen. Aber es ist ein Lachen, welches im Hals steckenbleibt. Wenn der Lehrer also ein absurdes Stück nicht in dem Raum ansiedelt, den der Autor vorgeschrieben hat, und ihn beispielsweise in eine Manege verlegt, dann hat er tatkräftig zur Deutung des Stückes beigetragen.

So gesehen, würde ein Stück wie «Endspiel» eine neue Dimension erfahren. Es wären die Freiheiten der Interpretation. Vier Clowns in der Manege. «Hamm», der im Mittelpunkt seinen Platz als dominierender Clown behaupten würde. «Clov», der nicht sitzen kann und zur Aktion verurteilt ist. Und das Elternpaar, welches sein Eigenleben in den Tonnen führen würde. Wenn man sich dann vorstellt, daß das ganze Spiel unter dem Zirkuszelt, umgeben von Zuschauern, stattfinden würde, könnten Darsteller und Zuschauer neue Einsichten gewinnen. Zweifellos würde eine solche Interpretation vornehmlich ein Spiel sein, so wie es der Titel verheißt. Eine direkte Teilnahme am Spiel würde durch die halbrunde Sitzanordnung der Zuschauer gewährleistet.

Nun kann im Unterrichtsraum nicht ein Zirkuszelt aufgeschlagen und eine Manege errichtet werden, aber durch eine kreisrunde Sitzanordnung kann zumindest die Trennung zwischen Akteuren und Zuschauern aufgehoben werden. Wichtiger aber als die Wechselwirkung zwischen Zuschauer und Darsteller wäre die Erfahrung, die die spielenden Schüler mit ihren Rollen machen würden. Bei der Ausführung ihrer Rollen haben die Schüler die Textbücher in der Hand und lesen den Text ab. Wie wir schon beim «Großinquisitor» im «Don Carlos» feststellen konnten, ist Blindheit schwer darstellbar. Beim «Hamm» kommt aber noch hinzu, daß er sich nicht bewegen kann, folglich muß er sein ganzes Gewicht in die

Stimme legen. Zwar hat «Hamm» ähnliche tyrannische Züge wie der «Großinquisitor», aber der Unterschied besteht darin, daß der «Großinquisitor» die Verkörperung einer Macht darstellte, während «Hamm» sich selbst verkörpert. So muß «Hamm» seinen Text mit einer herrschenden Stimme sprechen. «Clov», der Einzige, der sich bewegt, könnte durch ein Im-Kreis-Laufen andeuten, daß eine derartige räumliche Anordnung auch einem Gefängnis ähnlich ist. Die im Kreis gestellten Stühle lassen das Zirkuszelt und die Manege nicht vermissen. Ein in einem derart gestalteten Raum durchgeführtes Spiel bewirkt Beklemmung und Unheimlichkeit.

Wir sehen also, daß das Spielen von absurden Texten eine veränderte Aussagekraft hat. Gleichwohl haben sie einen pädagogischen Nutzen. Sie erreichen die Schüler über den Humor, der sozusagen die Verpackung für ernste Absichten ist.

Die Empfehlung, Theater zu spielen, bedeutet nicht, daß das ganze Stück gespielt werden soll. Da genügen die Schlüsselszenen eines Dramas, die sich als gespielte Szenen mit den gelesenen abwechseln. Dies ist besonders bei einem Stück ratsam, das wegen seiner technischen Voraussetzungen und Personenzahl sich in einem Unterrichtsraum nicht verwirklichen läßt. Die Königsdramen von Shakespeare sind ein gutes Beispiel dafür. Hier würde sich die abwechselnde Reihenfolge gut anbieten.

Auf der anderen Seite sollte man aber jene Stücke ganz spielen, die kurz sind, eine kleine Personenzahl erfordern und von den räumlichen Anordnungen her sich in einem Unterrichtsraum gut verwirklichen lassen.

Es gibt auch eine Kategorie Stücke, die sich wegen ihres Umfangs weder mit verteilten Rollen lesen noch spielen lassen. Da sich die Begrenzung nicht auf die inhaltliche Notwendigkeit bezieht, wäre es in einem solchen Fall günstiger, so zu verfahren, wie man es bei einem Roman tun würde.

Welche Kriterien müssen nun angewendet werden, um zu entscheiden, ob man ein Stück lesen oder spielen lassen will oder es in abwechselnder Reihenfolge erarbeiten möchte?

Grundsätzlich muß eine solche Entscheidung vor dem Einsatz im Unterricht fallen. In der Vorbereitung wählt der Lehrer die entsprechenden Szenen aus. Dabei sind die räumlichen Gegebenheiten wichtig, die Rollenverteilung und der Zeitaufwand. Um die gespielte Szene nicht abbrechen zu müssen, entscheidet man sich für unkomplizierte Passagen. Das kann in unterschiedlichen Fällen auch ein Monolog oder Dialog sein. Gretchens Gebet im «Faust» von Goethe würde sich beispielsweise für eine gespielte Szene eignen. Diese Stelle kann auch sehr anschaulich den Unterschied zwischen einem gelesenen und einem gespielten Text deutlich machen.

Allein die äußerliche Haltung erzeugt schon verschiedene Empfindungen. Unsere Einstellung zum gelesenen Text ändert sich sofort, wenn eine Bewegung dazukommt. In unserem Falle ist es das Knien vor dem Madonnenbild. Die Einbildung, sich hier im echten Gebet zu befinden, durch Kniefall und räumliches Umfeld, bewirkt ein größeres Verständnis für diese Szene, als wenn sie am Tisch sitzend gelesen würde.

Andere Stücke sind so geschrieben, daß ihre Figuren eine Einheit von Text und Gebärde darstellen, wie wir es beim «Endspiel» gesehen haben. Diese Art von Stücken eignet sich für das Spiel besonders gut.

So können wir zusammenfassend feststellen, daß der Einsatz von Spielszenen immer dann Erfolg hat, wenn der Lehrer bereits bei der Auswahl der Stücke einen Plan entwirft.

Schon bei der Lektüre muß dann eine Entscheidung getroffen werden, welche der Szenen gelesen und welche gespielt werden sollen. Dann erfolgt die Verteilung der Rollen und eine Skizze über die Raumaufteilung. Außerdem können Notizen über die benötigten Möbel sehr hilfreich sein. Vor allen Dingen aber muß ein Einsatzplan für die im Stück benötigten Gegenstände gemacht werden. Dieser dient dazu, daß der Lehrer schon vor Beginn der Unterrichtsstunde die benötigten Möbel zusammenstellen kann.

Die Stunde beginnt dann damit, daß der Lehrer vor der gemeinsamen Lektüre den Schülern nicht nur das Stück und die Rollenverteilung bekanntgibt, sondern auch, welche Szenen gelesen und welche gespielt werden sollen. Nach erfolgreichem Abschluß des Verfahrens, wenn also das Stück teils gelesen, teils gespielt wurde, wird sich in einer anschließenden Diskussion herausstellen, daß das Anliegen des Stückes eindringlicher verarbeitet wurde.

So soll hier zum Schluß noch einmal darauf hingewiesen werden, daß die gespielten Theatertexte nicht etwa eine Vorstufe zum Theaterspielen sein sollen und in der vorgestellten Form auch überhaupt nichts mit Theater zu tun haben. Weder ist der Unterrichtsraum eine Probebühne noch ist der Lehrer der Regisseur. Und das Produkt der Schüler ist nicht der Ausdruck von künstlerischer Gestaltung. Es geht nicht darum, einem Publikum zu gefallen, sondern nur um Eigenerfahrungen, die die Schüler mit der übernommenen Rolle machen.

Wenn wir das Verfahren so betrachten, dann wird eine Kritik an den Schülern über undeutliches Sprechen oder eine ungelenke Körperbewegung überflüssig. Ganz im Gegenteil, die Schüler würden unsicher, weil sie individuelle Verhaltensformen als Fehler betrachten würden. Der Lehrer korrigiert nicht die Gestaltung, sondern gibt lediglich Anweisungen zur Durchführung des Spiels. Dies allein schon unterscheidet sich von einer Probensituation im Theater, bei der Korrekturen unerläßlich sind.

Wenn wir die Schüler sich selbst überlassen und ihnen die Möglichkeit geben, sich in der übernommenen Rolle auszuleben, kann die gestellte Aufgabe nachdrücklich gelöst werden.

# Sensibilisierungstraining

Wie der Fußballspieler ein «warm up», also eine Aufwärmphase vor dem Spiel braucht, so ist es auch für denjenigen, der ein Rollenspiel anwenden will, notwendig, daß er sich vorher einstellt, daß er bereit ist zu spielen. Diese Bereitschaft ist nicht immer vorhanden, sie muß eingeübt werden. Häufig sind die Schüler der Meinung, daß ein Spiel, gleichgültig in welcher Form, ihrem Alter nicht entspräche. Sie fühlen sich in eine Entwicklungsstufe zurückversetzt, aus der sie sich gerade mühsam gelöst haben. Sie sind gehemmt, weil sie nicht wissen, wie ein Rollenspiel einzuordnen ist, aber auch, weil sie Scheu davor haben, sich vor anderen ohne Kenntnis der Zweckbestimmung produzieren zu müssen.

Deshalb ist es wichtig, daß der Lehrer vorab erklärt, daß es sich um eine andere Form der Wissensvermittlung handelt und daß der Einsatz eines Rollenspiels im Unterricht überhaupt nichts mit dem Spiel eines Kleinkindes zu tun hat. Es kann hier auch noch das Beispiel angeführt werden, daß große Staatsmänner vor wichtigen politischen Treffen im Rollenspiel versuchen, sich auf den Partner einzustellen. Auch hier wird eine Situation erprobt, wie sie möglicherweise in der Realität eintreten könnte.

Allerdings sollte der Lehrer neben dem oben erwähnten Hinweis nur eine kurze Einführung zur Methode geben; das heißt, es genügt vollkommen, wenn er lediglich erwähnt, daß er einmal anders an den Unterrichtsstoff herangehen möchte. Andernfalls besteht nämlich die Gefahr, daß bereits im Vorfeld eine Diskussion über den Sinn und Wert eines neuen Verfahrens in Gang gebracht wird. Spiel bedeutet immer Aktion und kann nicht durch eine eventuell ausschweifende Diskussion ersetzt werden.

Die Schüler sollen also durch das Sensibilisierungstraining auf das Rollenspiel eingestimmt werden. Dies muß sehr behutsam geschehen. Insofern sollen die beiden wichtigsten Äußerungsmerkmale des Rollenspielers, nämlich Sprache und Gebärde, getrennt trainiert werden. Wir nennen das: verbale und nonverbale Übungen.

Mit dieser Aufteilung wird der Eindruck vermieden, daß sich die Schüler schon zu Beginn in einer Rolle produzieren sollen. Wir müssen davon ausgehen, daß das Rollenspiel in einer Gruppe stattfindet, die miteinander kommuniziert.

Die wichtigste Voraussetzung dafür ist der Kontakt der Schüler untereinander, wie ja überhaupt Rollenspiel erst durch Kontakt ermöglicht wird.

Bevor nun mit den eigentlichen Übungen begonnen werden kann, ist es wichtig, daß die Schüler im Kreis sitzen. Der Lehrer nimmt ebenfalls dort Platz. Durch diese Sitzanordnung wird schon äußerlich dokumentiert, daß die Schüler zumindest für die folgende Zeit eine Einheit bilden sollen. Der Platz des Lehrers und die Reihenfolge der Schüler sind nicht wesentlich.

### Nonverbale Übungen

Es beginnt mit den *nonverbalen Übungen*. Im folgenden werden diese Übungen einzeln vorgestellt, wobei darauf geachtet werden muß, daß die Reihenfolge eingehalten wird.

Die Übungen werden einmal nacheinander durchgeführt und sind immer dann einzusetzen, wenn am Ende ein Rollenspiel steht. Wird das Modell an aufeinanderfolgenden Tagen eingesetzt, so werden die Übungen nicht jedesmal vorangestellt. Dies gilt nur, wenn eine größere Zeitspanne zwischen den Vorübungen und dem Rollenspieleinsatz liegt.

a) Der Lehrer fordert alle Schüler auf, sich in die Mitte des Kreises zu stellen. Es bedeutet wohl kaum einen Autoritätsverlust, wenn er sich an allen Übungen beteiligt. Während der Übungen soll Stillschweigen herrschen, denn das ist ja schließlich der Sinn einer nonverbalen Übung.
Nun fordert der Lehrer alle Anwesenden auf, sich gegenseitig die Hände zu schütteln; dabei soll sich aber jeder merken, wieviel Hände er geschüttelt hat. Diese Übung sollte nicht länger als drei Minuten dauern, wobei es unwichtig ist, ob während dieser Zeit sich Schüler im Kreis mehrmals begegnen und sich somit mehrmals die Hände schütteln.
Nach drei Minuten beendet der Lehrer die erste Übung und fragt jeden Schüler danach, wieviel Hände er geschüttelt hat. Danach nehmen alle wieder im Kreis Platz.
Durch diese Übung wird ein erster Körperkontakt erreicht. Dies ist auch gleichzeitig der Hauptbestandteil, während das an einen Wettbewerb erinnernde Zählen lediglich den Nebeneffekt haben soll, möglicherweise auftretende Bedenken der Schüler, es könne sich hierbei um eine naiv angewandte Form der Begrüßung handeln, zu zerstreuen. Wichtig ist nur, daß jeder jedem die Hand geschüttelt hat.

b) Nachdem alle wieder im Kreis Platz genommen haben, sollten sich alle Beteiligten gut beobachten, denn dies ist die Voraussetzung für die nächste Übung. Dieses gegenseitige Beobachten sollte im Sitzen stattfinden und nicht länger als eine Minute dauern.

c) Nun fordert der Lehrer die Schüler auf, die Augen zu schliessen. Eventuell können den Schülern auch die Augen verbunden werden, damit der Lehrer ganz sicher sein kann, daß die Schüler nicht gucken. Dann erklärt er ihnen, daß er jetzt wahllos zwei Schüler gegenüberstellen wird und es die Aufgabe sein wird, durch gegenseitiges Abtasten den anderen zu erkennen. Wer dann zuerst den Namen des anderen weiß, soll ihn sofort sagen. Danach können die beiden wieder im Kreis Platz nehmen, während der Lehrer ein neues Paar gegenüberstellt.

Der Sinn ist hier eindeutig: durch das gegenseitige Abtasten der Körper wird der Schüler entweder herausgefordert, seinen Mitschüler besser kennenzulernen oder sich mehr mit ihm zu beschäftigen. Für den Lehrer wird es interessant sein, festzustellen, inwieweit sich die Schüler untereinander kennen.

d) Bei der letzten Übung im nonverbalen Bereich wird von dem Schüler Phantasie verlangt. Falls ein Schüler sich bereit erklärt, von sich aus diese Aufgabe auszuführen, ist es gut, wenn nicht, sollte der Lehrer auf jeden Fall einen Schüler bestimmen, von dem er glaubt, daß er phantasievoll und gestisch begabt ist.

Der Schüler soll der Gruppe eine Pantomime vorspielen, das heißt, er soll nur durch Gesten ohne Worte beispielsweise ein Tier darstellen, während die anderen Schüler erraten müssen, um welches Tier es sich handelt. Die Tierdarstellung ist die leichteste Aufgabe, aber das Thema kann beliebig variiert werden, übrigens hat der Schüler dabei freie Themenwahl.

So können auch kleine Begebenheiten des Alltags dargestellt werden. Der Lehrer sollte allerdings darauf achten, daß nicht zu viele Darstellungen vorgetragen werden, damit es auch noch zu dem angestrebten Rollenspiel kommt. Maximal fünf Pantomimen wären angebracht.

Die Kreativitätsförderung des Schülers wird hier direkt angesprochen. Außerdem kann der Lehrer ermessen, ob der betreffende Schüler phantasiebegabt genug ist, um eine Idee in Gestik umzusetzen und ob die anderen Schüler reaktionsschnell sind und das Dargestellte erraten.

Zum Beispiel wird der Lehrer auch erkennen können, ob der Schüler in der Lage ist, eine Situation zu erfinden oder ob er durch seine Pantomime nur eine Tätigkeit ausdrückt. Sollte der betreffende Schüler eine Situation darstellen, so erfahren wir, daß er in Handlungszusammenhängen denken kann.

Zum Abschluß der nonverbalen Übungen sei noch einmal darauf hingewiesen, daß nicht alle Übungen erforderlich sind, aber die Reihenfolge eingehalten werden sollte.


## Verbale Übungen

Ein Sensibilisierungstraining wäre unvollständig, wenn nicht noch die zweite Übung dazukäme, die mit der ersten eine Einheit bilden würde. Sie befaßt sich mit dem gesprochenen Wort und wird im folgenden als *verbale Übung* bezeichnet. Es handelt sich dabei weder um eine Rede noch um eine Rezitation. Es ist also nicht wichtig, ob der Schüler deutlich oder undeutlich, schön oder schlecht spricht. Das gesprochene Wort soll Mitteilungscharakter haben. Also nicht das *Was* soll im Mittelpunkt stehen, sondern die Tatsache allein, daß der Schüler überhaupt zum Sprechen bewegt werden kann, und zwar nicht durch Zwang, sondern durch Kreativität. Da das Sprechen mehr Inhalte vermittelt als die Gestik zeigen kann, birgt es auch Gefahren in sich. So wäre zum Beispiel die Ungeduld des Lehrers hier völlig fehl am Platze. Wenn der Lehrer eine Frage an den Schüler richtet, und dies tut er ja häufig, so drängt er den Schüler in eine Erwartungshaltung, nämlich die, daß der Schüler eine Antwort weiß, ob sie nun richtig oder falsch ist. Der einzige Zwang, den der Lehrer ausüben sollte, ist der, darauf zu achten, daß die Spielregeln eingehalten werden, und je genauer dies geschieht, um so besser ist das Ergebnis beim Rollenspiel.

a) Die Schüler sitzen wieder im Kreis, und der Lehrer fordert den Schüler links von sich auf, zu erzählen, was ihm gerade einfällt beziehungsweise woran er gerade denkt. Dies sollte etwa dreißig Sekunden dauern, dann geht das Rederecht auf den Nachbarn über und dies so weiter, bis alle im Kreis sich geäußert haben.

Es wäre durchaus denkbar, daß der eine oder andere Schüler diese Gelegenheit benutzt, um seinen Unmut zu äußern, entweder über das Verfahren oder über eventuelle Mißstände in der Schule, und schließlich könnte er auch noch den Lehrer einer Manöverkritik unterziehen.

Nicht nur die ganze Übung, sondern das ganze Vorhaben wäre sofort gefährdet, wenn der Lehrer sich in so einem Fall entweder auf eine Diskussion einliesse oder gar mit Disziplinarmaßnahmen drohen würde.

Wie schon erwähnt, können bei dieser Übung Konflikte entstehen und deshalb scheint es nützlich, auf den Sinn näher einzugehen.

Der Schüler soll zum Spielen motiviert werden, und auch wenn es letztlich um die Vermittlung eines Wissensstoffes geht, so bleibt es immer auch, jedenfalls was die Methode angeht, ein Spiel. Der Lehrer sollte in dieser Übung nicht nur die Rolle des Spielleiters, sondern auch die des Zuhörers übernehmen. Wenn der Lehrer sich auf keine Diskussion einläßt und der Schüler sich nach Belieben äußern kann, wird er bald selbst erkennen, daß eine mögliche Provokation sinnlos ist. Auch ist darauf zu achten, daß die Schüler nicht untereinander diskutieren.

Aus Erfahrung kann hier berichtet werden, daß Schüler, die sich bei den nonverbalen Übungen noch kommentarlos verhielten, nun bei den verbalen Übungen glaubten, eine Chance zu sehen, ihrem Unmut Luft zu machen und provozierten. Nur kam eben keine Diskussion zustande und blieb auch die erwünschte Reaktion aus. Allerdings gab es auch den Fall, daß ein Schüler wütend das Klassenzimmer verlassen wollte. Hier muß natürlich der Lehrer eingreifen und ihn unter Umständen freistellen.

Ganz anders werden sich die Schüler verhalten, wenn sie auf eine neue Art der Wissensvermittlung neugierig sind. Es kann sein, daß sie schon einmal Theater gespielt haben und durch diese Beschäftigung einen Einblick in die Rollengestaltung bekommen haben. Nun glauben sie, daß sie die Vorübungen zum Einstieg in das Rollenspiel nicht brauchen. Hier sollte der Lehrer kompromißbereit sein.

Wir befinden uns immer noch im Stadium der Vorstufe, das heißt beim «warm up».

Die nächste Übung erfordert eine gewisse Kombinationsgabe, soll aber gleichzeitig ein Entscheidungstraining sein. Dies betrifft die zuhörenden Schüler, denn sie sollen sich für oder gegen etwas entscheiden. Anhand einer vorgetragenen Geschichte lernen sie, eine Situation zu erkennen und können darin ihr Verhalten überprüfen.

b) Der Lehrer fordert einen Schüler auf, von dem er glaubt, daß er dazu in der Lage ist, eine wahre Geschichte zu erzählen, bei der er sich für oder gegen etwas entscheiden mußte. Wie er sich entschieden hat, erzählt er nicht. Nachdem der Schüler die Geschichte beendet hat, werden die anderen Schüler aufgefordert zu erraten, welche Entscheidung der Erzähler getroffen hat. Die Schüler antworten der Reihe nach. Dabei können sich auch Meinungsäußerungen überschneiden. Wenn die Runde durch ist, gibt der Erzähler bekannt, wie er sich tatsächlich in der geschilderten Situation entschieden hat.

Es ist nicht ratsam, mehr als drei Erzählungen vortragen zu lassen. Sie sollten nach Möglichkeit kurz sein, damit die übrigen Schüler genügend Zeit zum Erraten der Entscheidung haben.

*Beispiel:* Ein Schüler wird Zeuge eines Verkehrsunfalles, bei dem es einen hohen Sachschaden gegeben hat. Hat er Hilfe geholt oder nicht? Hat er die Polizei verständigt oder nicht?

Hier ist unschwer zu erkennen, daß es bei dieser Übung nicht mehr um das bloße Erzählen geht, sondern daß hier Inhalte vermittelt werden. Wenn auch ein gewisser Rätselcharakter vordergründig erscheinen mag, so darf doch nicht verkannt werden, daß es hierbei um eine Entscheidung geht, die der Schüler für sich allein treffen mußte.

Das oben genannte Beispiel kann noch dahingehend variiert werden, daß die wahre Entscheidung des Erzählers nicht erraten wird, sondern daß jeder Schüler erzählt, wie er sich selbst in dieser Situation entschieden hätte.

Die nächste Übung stellt größere Anforderungen, was aber ganz im Sinne des allmählichen Aufbaus der Übungen ist. Die Anforderung besteht darin, daß die Schüler mit einem imaginären Partner Kontakt aufnehmen. Sie erlernen dadurch eine Assoziationsbereitschaft und die Kunst des Monologisierens.

Die Beteiligten sitzen immer noch im Kreis, und der Lehrer kann entweder wieder einen Schüler bestimmen, oder er geht auf eine Wortmeldung ein. Es ist darauf zu achten, daß nicht immer dieselben Schüler mit Aufgaben betraut werden, denn schließlich sollen ja nach Möglichkeit alle motiviert werden und dies kann nur durch Aktionen geschehen.

c) Der Lehrer fordert einen Schüler auf, seinen Stuhl in die Mitte des Kreises zu stellen und nun den Stuhl als seinen Partner anzusehen. Er soll nicht nur mit dem Stuhl spielen, sondern auch eine Geschichte improvisieren, bei der es aber völlig offen bleibt, wer sein Partner ist. Dies muß von den übrigen Schülern erraten werden.
*Beispiel:* Der Schüler stellt sich vor, daß der Stuhl sein Hund sei und spricht mit ihm ohne allzu verräterische Worte. Es sollte nicht sofort erkennbar sein, daß es sich um einen Hund handelt.
Nur wenn die Schüler bereit sind, der vorgegebenen abstrakten Situation zu folgen, wird es möglich sein, ein befriedigendes Ergebnis zu erreichen.

Diese Übung kann maximal fünfmal wiederholt werden. Auch hier gibt es eine breite Palette von Variationsmöglichkeiten.

Es sollte keine Scheu davor bestehen, abstrakte Situationen zu erproben. Sie dienen hier als Mittel zum Zweck.

Sollte der Lehrer feststellen, daß zum jetzigen Zeitpunkt die Klasse bereit ist, ein Rollenspiel durchzuführen, so können die folgenden Übungen entfallen, und der Lehrer kann sofort mit den Interaktionsübungen beginnen.

Die folgende Übung soll nicht die Kunst des Telefonierens einüben, die ja durch alltägliche Handhabung beherrscht wird, sondern durch die Wahl der Worte, ihre Betonungen und Umschreibungen zu rhetorischen Fähigkeiten führen.

d) Der Lehrer fordert einen Schüler auf, oder es meldet sich einer, der einen Stuhl in die Mitte des Kreises stellt und darauf Platz nimmt. Dann soll der Schüler sich vorstellen, daß er einen Telefonhörer in der Hand hat. Sein Gespräch, welches nun folgt, soll so geschickt geführt werden, daß nicht ohne weiteres herauszuhören ist, mit wem der Schüler telefoniert. Die im Kreis sitzenden Schüler sollen aber so schnell wie möglich herausbekommen, ob es sich um einen Klassenkameraden, seine Freundin/Freund, den Vater, die Mutter, den Lehrer usw. handeln könnte. Sobald der richtige Teilnehmer erraten ist, ist die Übung beendet. Sie sollte mit wechselnden Schülern maximal dreimal wiederholt werden.

*Beispiel*: Der Schüler fragt im Telefongespräch zunächst nach dem Befinden. Nach kurzem Austausch von allgemeinen Floskeln wird er etwas konkreter und gibt den Hinweis, wie zum Beispiel die Frage: «Hast du meine Hemden gebügelt?» Diese Information ist für die Zuhörer der Hinweis, daß es sich eigentlich nur um die Mutter handeln kann, mit der er telefoniert.
Nachdem die Schüler nun die Elemente des Rollenspiels vermittelt bekommen haben, nämlich das Einüben von sprachlichem und gestischem Ausdruck, sind ihnen die Verhaltensweisen bewußter gemacht worden.

## Zusammenfassung

Jeder Lehrer, der bereit ist, diese Methode anzuwenden, wird an dieser Stelle nach Abschluß des Sensibilisierungstrainings die Erfahrung machen können, daß eine große Zahl von Schülern bereits jetzt zum Spiel bereit ist. Erfahrungsgemäß mündet dies in einen Übereifer der Schüler, der jetzt aber noch gebremst werden sollte. Der Lehrer tritt hier in einer Doppelfunktion auf, einmal ist er Mitglied der Gruppe und kann sich durchaus an den Übungen beteiligen, andererseits muß er den Ablauf der einzelnen Übungen und die Übersicht über die gesamte Methode kontrollieren. Er sollte also nie das Ziel aus den Augen verlieren und sich eventuell zu einem anderen Verfahren hinreißen lassen. Wenn er sicher ist, daß der methodische Vorgang gewahrt bleibt, kann er die Kontrollfunktion durchaus einem befähigten Schüler übertragen.

Wie schon mehrfach erwähnt, ist die Aktionsfreudigkeit der Schüler untereinander und miteinander der beste Nährboden, um ein Rollenspiel durchzuführen, wobei der stoffliche Inhalt zunächst ohne Bedeutung ist.

Es geht darum, mit äußerster Konzentration und Intensität die einzelnen Phasen zu absolvieren. Um nach Möglichkeit an dieser Stelle unerwünschten Reaktionen und Definitionen wie «Vorbereitung auf ein emanzipatorisches Rollenspiel», «Einübung in den Sozialisierungsprozeß» und «Politisierung des Unterrichts» wirksam begegnen zu können, seien hier an dieser Stelle verschiedene Äußerungen aus der Praxis angeführt. Die folgenden Beispiele müssen nicht, aber können in ähnlicher Form auftreten.

Der Lehrer muß im Einzelfall entscheiden, wie er verfahren will, aber er darf dabei nie aus den Augen verlieren, daß er ein Scheitern des ganzen Experimentes verhindern muß.

Die erste Gruppe setzte sich aus Maturanden zusammen. Eine Schülerin sagte, daß sie nach dem Sensibilisierungsprozeß Angst gehabt habe. Sie hätte schon einmal an einer

Therapiegruppe teilgenommen und da hätte es genauso begonnen. Schließlich hätten sie sich im Rollenspiel in die Lage versetzen müssen, sich auf einem untergehenden Schiff zu befinden. Es wäre für sie entsetzlich gewesen und sie möchte diese Situation nicht noch einmal erleben. (Die betreffende Schülerin wurde freigestellt, das heißt, sie konnte selbst entscheiden, ob sie teilnehmen wollte oder nicht.) Nachdem sie dann als passive Beobachterin zugeschaut hatte und sich davon überzeugen konnte, daß keine Therapieabsichten bestanden, entschloß sie sich spontan, wieder mitzumachen.

Ein Schüler meinte, daß er bereits nach der ersten verbalen Übung eine bessere Einstellung zu sich selbst und zu den Mitschülern gefunden habe.

Zwei Schülerinnen äußerten übereinstimmend die Meinung, daß sie den Sinn der Übungen nicht erkennen könnten und gespannt wären, wie alles weitergehen würde.

Eine frei zusammengestellte Gruppe (Studenten, Schüler, Lehrlinge, Vorschulkinder) in einem Jugendzentrum brachte große Probleme. Der unterschiedliche Bildungsstand und die unterschiedlichen sozialen Voraussetzungen verhinderten beinahe die Bildung dieser Gruppe. So stand am Anfang nicht ein zielorientiertes Vorgehen, sondern die Furcht, daß das ganze Unternehmen platzen könnte. Aber gerade diese so unterschiedliche, ja fast gegensätzlich zusammengesetzte Gruppe konnte unschätzbare Erkenntnisse vermitteln.

Bereits nach der zweiten nonverbalen Übung meinte eine Lehrtochter, daß das alles ziemlich langweilig wäre und sie es jetzt vorziehen würde, ins Kino zu gehen. Alle Versuche, sie davon abzuhalten, scheiterten. Ein Schüler meinte, ohne den weiteren Fortgang des Verfahrens zu kennen, daß er in alledem keinen Sinn sehen würde. Er äußerte sich nach Beendigung der nonverbalen Übungen.

Hier war es allerdings nicht zu vermeiden, daß zwischen den Übungen private Äußerungen gemacht wurden. Schließlich erkannte eine Studentin einen neuen Weg für sich und ihre Umwelt. Sie war mit großem Eifer dabei. Nachdem nun alle Teilnehmer, die grundsätzliche Bedenken hatten, aber auch diejenigen, die sich bei dem «Rollenspiel» zu sehr an ein Kinderspiel erinnert fühlten und womöglich befürchteten, auch wie Kinder behandelt zu werden, die Gruppe verlassen hatten, wurde die Veranstaltung ohne Unterbrechung oder Störung fortgeführt.

Da konnten beispielsweise gleich zu Beginn interessante Beobachtungen gemacht werden. Im Bereich der nonverbalen Übungen beim Händeschütteln wurden drei unterschiedliche Auffassungen der Teilnehmer festgestellt:

Die Vorschulkinder lösten diese Aufgabe mit ausgesprochener Spiellaune, wobei Jux und Albernheit nicht ausblieben. Für sie war es nicht eine erste Kontaktaufnahme, sondern bereits Spiel.

Die Lehrlinge absolvierten das Händeschütteln als notwendige Pflichtübung, unwillig und gelangweilt.

Studenten und Schüler bemühten sich um Konzentration und versuchten die gestellte Aufgabe zu lösen. Sie zeigten ein typisches Studenten/Schüler-Verhalten, welches von dem Gedanken geprägt war, möglichst sehr gut oder gut abzuschneiden. Daß hier keine Bewertung erfolgen sollte, hatten sie übersehen.

Das Verhalten der Teilnehmer änderte sich auch bei den folgenden nonverbalen Übungen nicht. Erst dann wurde das Interesse stärker, als sie Gelegenheit dazu bekamen, sich durch das Wort mitzuteilen.

Das Thema der Vorschulkinder bei der ersten verbalen Übung war aus dem Spielbereich gewählt. Sie erzählten von ihren Spielen mit anderen Kindern.

Die Lehrlinge berichteten über ihren Lehrbetrieb und die Arbeitswelt. Sie erwähnten aber auch, was ihnen in der Lehrwerkstatt mißfiel. (Immerhin beteiligten sie sich bei dieser Übung wieder sehr aktiv und wollten offenbar die Gelegenheit nutzen, ihre Probleme zu erwähnen.)

Die Studenten und Schüler gingen die gestellte Aufgabe mehr psychologisch an. Sie erforschten ihr Ich und produzierten wahllos Worte, die auch durchaus zusammenhanglos sein konnten.

Auch bei der zweiten Übung im verbalen Bereich setzte sich dieser Trend fort. Hier waren aber schon Schwankungen zu erkennen.

Die Vorschulkinder erzählten zwar eine Geschichte, aber der Entscheidungszwang als Bestandteil fehlte.

Die Lehrlinge berichteten über Begebenheiten aus der Arbeitswelt. Im Regelfall waren es Geschichten, die sie schon einmal erlebt hatten.

Die Geschichten der Studenten / Schüler waren inhaltlich darauf ausgerichtet, daß den anderen ein Rätsel aufgegeben werden sollte. Allgemein fehlte die improvisierte Erzählung, dafür stand die korrekte Erfüllung der Aufgabe im Vordergrund.

Die vorletzte und letzte Übung wurde zu einem Prüfstein für das ganze Vorhaben.

Die Vorschulkinder konnten in dem Stuhl nichts anderes als einen Stuhl erkennen und behandelten ihn auch so. Zum Telefonspiel kam es überhaupt nicht mehr.

Die Lehrlinge weigerten sich, beide Übungen zu machen. Sie argumentierten, daß für sie ein Stuhl nun einmal ein Stuhl sei und nichts anderes. Ebenso sei es für sie undenkbar, ein Telefongespräch ohne Telefon zu führen. In eine abstrakte Situation konnten sie sich nicht einfühlen.

Die Studenten / Schüler lösten die Aufgabe wie zu erwarten war.

Diese wenigen Beispiele aus der Praxis sollten lediglich darauf hinweisen, in welcher Form Erfolg und Mißerfolg auftreten können. So kann es nur von großem Nutzen sein, wenn der Lehrer sich gründlich vorbereitet, um die Ausfallquoten möglichst niedrig zu halten.

In der Vorbereitung ist es wichtig, daß sich der Lehrer auf den Ablauf der einzelnen Übungen konzentriert. Er muß die Reihenfolge und die Inhalte beherrschen. Nur wenn er dieses Grundwissen hat, kann er flexibel sein. Bei eventuellen Störungen kann er dann sofort reagieren.

Gerade beim Sensibilisierungstraining ist es notwendig, daß der Lehrer sich das methodische Handlungsgerüst angeeignet hat, damit er auch noch die wichtige Aufgabe der Beobachtung wahrnehmen kann.

Schließlich hängt es auch vom Willen des Lehrers ab, ob er das ganze Vorhaben bis zum Ende durchführt, was nicht heißen soll, daß er den Fortgang anordnet. Wenn er selbst überzeugt ist und dies auf seine Schüler überträgt, dann ist weder die gesamte Anwendung gefährdet noch ist ein frühzeitiger Abbruch zu befürchten.

# Interaktionsübungen

Wir gehen davon aus, daß man nicht ohne Vorbereitung eine Rolle übernehmen kann. Dies gilt natürlich nur für eine bewußte Rollenübernahme wie beispielsweise im «Rollenspiel». Den ersten Teil der Vorbereitung haben wir mit dem «Sensibilisierungstraining» abgeschlossen. Hier haben die Schüler die wesentlichsten Bausteine der Rolle, nämlich den sprachlichen und gestischen Ausdruck, kennengelernt und trainiert. Die Übungen waren aber so angelegt, daß die einzelnen Funktionen gesondert vorgestellt wurden. Dadurch erhielten die Schüler die Gelegenheit, vorhandene Fähigkeiten auszubauen und neue hinzuzulernen.

Die «Interaktionsübungen» fassen nun diese Erfahrungen zusammen. Die Schüler übernehmen hier zum erstenmal eine Rolle, bei der sie das Erlernte einsetzen müssen. Wobei sich die Rolle in den «Interaktionsübungen» von der im «Rollenspiel» wesentlich unterscheidet. Die Rolle im «Rollenspiel» agiert immer vor dem Hintergrund eines Handlungsgerüstes, während der Rolle in den «Interaktionsübungen» lediglich eine Situation zugrunde liegt. Wenn sich zum Beispiel zwei Menschen auf der Straße treffen und eine Unterhaltung über den Urlaub beginnen, dann haben wir es mit einer Situation zu tun, aber nicht mit einer Handlung. Die Rollenhandlung setzt immer eine Geschichte voraus, die erzählt wird.

In den «Interaktionsübungen» soll also das Rollenverhalten in ausgesuchten Situationen trainiert werden. Da es sich hier ausschließlich um Dialoge handelt, könnte auch von einem «kleinen Rollenspiel» gesprochen werden. Es ist die Vorstufe zum eigentlichen Rollenspiel, in dem dann mehrere Schüler mit Rollen betraut werden.

Da die «Interaktionsübungen» hauptsächlich zur Einübung von Spielsituationen dienen, haben sie durchaus noch Improvisations-, Wettbewerbs- oder Rätselcharakter.

Während es beim «Sensibilisierungstraining» noch möglich war, einige Übungen zu überspringen, sollte der Lehrer bei den «Interaktionsübungen» *alle* Aufgaben durchführen.

Die Schüler sind jetzt spielbereit, so daß der Lehrer auch Schüler als Spieler bestimmen kann, ohne gleich als autoritär zu gelten, zumal er ja selbst auch beteiligt ist.

Die erste Interaktionsübung ist folgendermaßen:
a) ● Die Schüler sitzen auf ihren Stühlen im Kreis. In die Mitte wird ein kleiner Tisch gestellt, der als «Ladentheke» dient und in das Spiel mit einbezogen werden kann.

● Die Schüler sollen lernen, sich mit ihrer Rolle zu identifizieren. Sie sollen die Fähigkeit der Selbstbehauptung und des Durchsetzungsvermögens erlangen.

● Diese Übung wird mit allen Schülern durchgeführt.

● Zu Beginn erklärt der Lehrer die Ausgangssituation. Die «Ware» müssen die Schüler selbst erfinden. Sie müssen ein hohes Maß an Geschicklichkeit in ihren Verhaltensweisen aufbringen.

● Wegen der Chancengleichheit werden nach Beendigung der Übung die Rollen getauscht, so daß jeder einmal in die Position des Käufers und des Verkäufers kommt.

Zwei Schüler werden bestimmt und treten in den Kreis. Nun soll einer dem anderen eine Ware verkaufen, die möglichst ausgefallen sein sollte. Der andere will diese Ware nicht und widersetzt sich dem Kauf. Hier kommt es hauptsächlich auf die Argumentation an, deshalb könnte diese Übung auch als «Argumentationsspiel» bezeichnet werden. Der Verkäufer muß also die ausgefallene Ware anpreisen, und es wird von seiner Überredungskunst abhängen, ob er dem Käufer die Ware so schmackhaft machen kann, daß er letztlich kein Gegenargument mehr vorbringen kann. Der Käufer wird eine große Zahl von Ausreden erfinden müssen, um dem «Kauf» zu entkommen.

Da alle Schüler diese Übungen machen sollten, wird es für die Zuschauer interessant sein, wie die beiden rollenspielenden Schüler sich aus der Affäre ziehen. Nachdem nun alle Teilnehmer die Möglichkeit hatten, an diesem Spiel teilzunehmen, fordert der Lehrer die Schüler auf, wieder im Kreis Platz zu nehmen. Dort kann er dann in Ruhe die nächste Übung erklären.

Übrigens kann der Lehrer eingreifen, wenn er das Gefühl hat, daß die Spielsituation zu lange dauert. Dies gilt für alle Übungen. Ebenso kann er von seiner Spielleiterfunktion Gebrauch machen, wenn er glaubt, daß sich beispielsweise eine «Ware» nicht zum «Verkauf» eignet. Wenn die betreffenden Schüler kein Ersatzangebot machen können, sollten sie wieder im Kreis Platz nehmen und nach einer Bedenkpause, in der ein anderes Paar die Übung durchführen kann, noch einmal einen Versuch machen.

Der Lehrer sollte auch darauf achten, daß nicht immer dieselben Paarungen zustande kommen. So kann zum Beispiel der Gesamteindruck verfremdet werden, wenn ein befreundetes Paar immer wieder zusammen Übungen durchführt. Im Regelfall kennen sich beide so gut, daß das Ergebnis verblüffen muß und im Extremfall bei den anderen Schülern Frustrationen auslösen kann.

b) ● Der Tisch wird beiseite gestellt und alle nehmen wieder im Kreis Platz.

● Mit dieser Übung soll die Dialogfähigkeit geschult werden.

● Auch hier wird wieder ein Rollentausch vorgenommen, so daß jeder einmal in die Rolle des Interviewers und des Interviewten schlüpfen kann.

● Die zuhörenden Schüler werden durch den Rätselcharakter an der Aufgabe beteiligt.

Wieder werden zwei Schüler bestimmt, die in den Kreis
treten und dort ein Interview durchführen sollen. Wie
schon in der Übung a) der Verkäufer so wird hier der
Interviewer dominant sein. Er wird sich ein Thema aussu-
chen, muß es aber so formulieren, daß nicht ohne weiteres zu erkennen ist, um welches Thema es sich handelt.
Der Interviewte hat lediglich die Aufgabe, die Fragen zu
beantworten. Die übrigen Schüler müssen nun erraten,
über welches Thema die beiden sprechen. Die Lösung
weiß natürlich nur der Interviewer.

Die nächste Übung klingt simpel, ist aber gut dazu geeignet,
den Worten freien Lauf zu lassen und eventuell Aufgestautes
bei den Schülern beseitigen zu helfen.

c)  ● In der Mitte des Kreises stehen jetzt zwei Stühle. Sie
    werden für ein Gespräch benutzt.

    ● Es soll ein zielgerichtetes Gespräch geübt werden, bei
    dem das Überbringen einer Information im Mittel-
    punkt steht.

    ● Nicht mehr als fünf Paare führen dieses Spiel hinterein-
    ander durch.

    ● Den Inhalt der Information erfährt man im Gespräch
    nicht. Es ist die Aufgabe der zuhörenden Schüler, dies
    herauszufinden. Insofern wurde der Rätselcharakter
    dieser Übung gewahrt.

Ein Schüler nimmt in der Mitte des Kreises Platz. Zum
leichteren Verständnis trägt er den Namen A. Ein zweiter
Schüler trägt den Namen B. Die Ausgangssituation ist
für beide gleich, es ist nur die Frage, wer sich besser behaupten kann. A wartet auf den Besuch von B, denn er
hat ihm eine wichtige Nachricht zu übermitteln. B seinerseits will A auch eine wichtige Nachricht überbringen.
Nun müssen sich beide so geschickt anstellen, daß sie
zwar dauernd reden, aber letztlich niemand die «wichtige
Nachricht» erfährt, weil beide sich gegenseitig nicht zu

Wort kommen lassen. Beide sollten aber für sich eine «wichtige Nachricht» festlegen. Denn etwa nach 3 Minuten unterbricht der Lehrer das Gespräch und fragt nun die übrigen Schüler, um welche Nachricht es sich handeln könnte. Wenn die richtige Lösung erraten ist, ist das Spiel beendet, und es kann ein neues Paar ausgesucht werden.

Bei dieser Übung kann schon vom Übergang zum eigentlichen Rollenspiel gesprochen werden. Der Rollenträger übt hier nicht nur eine Funktion aus und spielt auch nicht nur eine Situation, sondern muß sich in seiner Rolle behaupten. Es entsteht also so etwas wie Wettkampf. Es gibt aber weder einen Sieger noch einen Besiegten, und auch keine physischen Kräfte entscheiden über den Ausgang. Aber die Schüler haben hier die Möglichkeit, sich in der Umschreibung von Dingen zu üben, und diese Fähigkeit werden sie bei den Rollenspielen dringend benötigen.

Da die Grenze von den Interaktionsübungen zum Rollenspiel möglichst fließend sein soll, wird bei der folgenden Übung zum ersten Mal eine Rollenspielsituation erprobt. Bisher standen im Mittelpunkt der Übungen isolierte Situationen. Die Aufgabe bestand darin, diesen Zustand darzustellen.

Nun wird eine kleine Handlung verlangt, aber sie soll sich noch im Rahmen der Improvisation befinden. Natürlich wird das Thema auch hier vorgegeben, aber den *Handlungsablauf* bestimmen die Teilnehmer selbst.

d) ● In der Mitte des Kreises steht wieder der kleine Tisch, der für die Zollkontrolle benötigt wird. Der Schüler, der den Passagier spielt, sollte einen kleinen Koffer oder ein anderes Gepäckstück bei sich haben.

   ● Mit diesem Spiel wird die Phantasie gefördert. Die Schüler lernen, sich auch in hciklen Situationen zurechtzufinden.

   ● Maximal drei Paare sollten dieses Spiel darstellen, wobei die Rollen jeweils getauscht werden sollen.

● Durch den abrupten Abbruch des Handlungsablaufes werden die Schüler gezwungen, einen eigenen Schluß zu finden. Da aber das Objekt der Verhandlung nicht genannt wird, müssen die zuhörenden Schüler versuchen, dieses Rätsel zu lösen.

Der Lehrer wählt wieder zwei Schüler aus. Das Thema heißt diesmal: Zollkontrolle. Die Situationsschilderung ist folgendermaßen: am Kontrollpunkt wartet der Zöllner auf einen Passagier, er fordert ihn auf, seinen Koffer zu öffnen. Dieser weigert sich, schließlich muß er aber einsehen, daß er gegen den Zöllner machtlos ist, und beugt sich dem Gesetz. Der Koffer wird geöffnet, und der Zöllner entdeckt geschmuggelte Ware. Der Passagier versucht nun, durch Überredungskünste ungeschoren davon zu kommen, aber der Zöllner läßt sich nicht beirren. Hier endet die Schilderung. Die Ware, die nicht genannt werden soll, und das Ende des Spiels müssen «Zöllner» und «Passagier» selbst erfinden. Die Zuschauer sollen nun die Ware erraten.

(Der Lehrer sollte auch hier auf eine Zeitbegrenzung achten, die aber immer einzeln festgelegt werden muß und hier nicht angegeben werden kann.)

Von beiden Schülern wird hier wieder viel Phantasie verlangt. Der Lehrer kann auch die nicht beteiligten Schüler nach den Übungen auffordern, eigene Lösungsvorschläge zu machen. Sie sollten aber nur zur Kenntnis genommen und nicht diskutiert werden. Überhaupt sollten Diskussionen in jeder Phase unterbunden werden. Sollten die Schüler sie dennoch wünschen, so können sie zu einem anderen Zeitpunkt stattfinden.

Auch hier wieder einige Beispiele aus der Praxis. Es handelte sich um eine Schulklasse, mit der diese Übungen durchgeführt wurden.

Viele Schüler glaubten schon kurz nach Beginn dieser Phase, daß es sich um ausgeprägte Rollenspiele handele. Nur durch wiederholte Erklärungen des Spielleiters war es möglich, die betreffenden Schüler davon zu überzeugen, daß die

Interaktionsübungen *das Vorfeld* der Rollenspiele darstellen. Nachdem dieses Mißverständnis ausgeräumt war, konnten die Interaktionsübungen ohne weitere Unterbrechungen beginnen.

Bereits beim Verkaufsspiel konnten lustige Situationen festgestellt werden. So versuchte zum Beispiel eine Schülerin, einem immer leger gekleideten Schüler eine Krawatte zu verkaufen. Nachdem sie ohne Erfolg versucht hatte, ihm klarzumachen, daß er *mit* Krawatte besser aussähe, nahm sie einen neuen Anlauf und beschwor ihn, daß er *mit* Krawatte eher eine Freundin finden würde. Dies bestritt er heftig, kaufte ihr aber schließlich die Krawatte doch ab.

Beim Rollentausch war die Situation wieder ganz anders. Der betreffende Schüler wandte seine ganze Überredungskunst auf, um der Schülerin einen Hut zu verkaufen. Diese blieb hart und zählte eine ganze Reihe von Argumenten auf, warum ein Hut für sie niemals in Frage käme und warum sie auch nicht einsehen könnte, daß sie sich jetzt einen kaufen sollte. Der Schüler hatte, obwohl er noch einmal einen Versuch unternahm, kein Glück. Das Spiel wurde ergebnislos beendet.

Ein anderer Schüler verkaufte seinem Partner ein absurdes Produkt. Er hatte eine Haarschneidemaschine erfunden, die einfach wie eine Mütze übergestülpt werden sollte und dann in Sekundenschnelle die Haare geschnitten hätte. Das Interesse des Käufers war sehr groß, aber es ging nicht ohne Probleme. Der Preis war zu hoch. Erst gab es einen Dialog über den Sinn oder Unsinn des Gerätes und dann wurde gefeilscht. Schließlich wurden sie sich handelseinig und der Kauf kam zustande.

Beim Rollentausch stellte sich heraus, daß der Schüler, der vorher den erfinderischen Verkäufer gespielt hatte, auch jetzt wieder schlagfertig war. Als der Schüler, der vorher den Käufer gespielt hatte, sich bemühte ein Buch zu verkaufen, kam von seinem überlegenen Partner die lakonische Antwort: Ich kann nicht lesen! – Der Verkäufer war sprachlos, die übrigen

Schüler brachen in schallendes Gelächter aus, und das Spiel war nach wenigen Sekunden beendet.

Das nächste Paar, es waren zwei Schülerinnen, machte es sich relativ einfach. In der ersten Phase wurde ein Lippenstift verkauft und nach dem Rollentausch ein Stück Seife. Beide Spiele liefen reibungslos ab und waren schnell beendet. – Hier zeigte es sich, daß Interaktionsübungen durchaus Schwierigkeiten enthalten sollten. Auch sollten die Schüler *vor* Beginn des Spieles darüber nachdenken, welches Thema sie wählen wollen. Die Erfahrung zeigte also, daß Gebrauchsgegenstände ohne Nebeneffekt für dieses Spiel ungeeignet sind.

Das Interviewspiel ist vom Ansatz her anders gelagert. Die Aufgabe bestand darin, ein Thema geschickt zu umschreiben. So wurden meistens Inhalte aus dem realen Bereich gewählt. Beim «Übermitteln einer wichtigen Nachricht» konnte beobachtet werden, daß besonders der familiäre Bereich gefragt war. Aber es war auch ein Wettkampf mit der Zeit. Während einige Paare ihr Anliegen geschickt formulieren konnten, gerieten andere in Zeitnot, weil sie zu umständlich vorgingen.

Allerdings waren alle Gruppen an dieser Stelle neugierig auf das avisierte Rollenspiel.

Durch eine lockere und heitere Atmosphäre beim Zöllnerspiel wurden die Teilnehmer zu Höhenflügen der Phantasie animiert. Das Spektrum der Schmuggelware reichte von Hosenknöpfen über Zigaretten bis zu harten Drogen. Die zuschauenden Schüler hatten es zwar nicht immer leicht, eine Lösung zu finden, aber ein Resultat gab es immer.

Besonders schwierig war es bei den Hosenknöpfen. Als der Schüler nach dem Grund befragt wurde, sagte er, daß er die Hosenknöpfe für ein Waisenhaus in Afrika schmuggeln wollte. Die Weiterführung der Handlung war dann einfach. Es wurde vorgeschlagen, den Schmuggler passieren zu lassen.

Bei den harten Drogen wurde die Situation heikel. Nachdem man die Ware schnell erraten hatte, gab es Meinungsverschiedenheiten über den Fortgang der Handlung. Schließlich gab es einen Konsens darüber, daß der Passagier mit Gefängnis zu bestrafen sei.

Hier konnte eine psychologisch interessante Beobachtung gemacht werden. Es gab einige Schüler, die in der Drogenfrage eine neutrale Haltung einnehmen wollten, sich aber vor den anderen Schülern nicht trauten, ihre wahre Meinung zu äußern. Sie hatten sich in eine Zone begeben, die zwischen Realität und Spiel angesiedelt war. Sie mißtrauten offenbar dem Grundsatz, daß Rollenspiele immer ohne Sanktionen durchgeführt werden. Für kurze Zeit hatten sie den Rahmen des Spieles verlassen. Eine Erscheinung, welche nur in Extremfällen zu beobachten ist.

Bevor nun das *Rollenspiel* näher erläutert werden soll, sei noch einmal darauf hingewiesen, daß der Lehrer den *Ablauf der Übungen* genau einhalten sollte, wobei er durchaus auch als Betrachter auftreten kann. Bei den praxisbezogenen Ausführungen ist dies besonders wünschenswert.

# Rollenspiele

Um einen sanften Übergang von den vorhergegangenen Übungen zu den Rollenspielen zu ermöglichen, ist es hilfreich, nicht sofort mit Rollenspielen zu beginnen, die Wissensstoff beinhalten. Insofern haben die ersten Übungen noch Rate- oder Wettbewerbscharakter. Sie sollen stufenlos überleiten. Der psychologisch-pädagogische Effekt dabei ist, daß die Schüler unmerklich, immer noch an die Anfangsübungen denkend, in die zielorientierten Rollenspiele eingeführt werden.

Übrigens ist der Zeitaufwand der Vorübungen bis zum eigentlichen Rollenspiel vom Lehrer selbst zu bestimmen. Entscheidend ist nur, daß er innerhalb dieses Zeitrahmens systematisch vorgeht. Die Praxis wird zeigen, wieviel Aufwand notwendig ist, um die Schüler in eine Rollenspielstimmung zu versetzen. Da die Vorübungen und das Rollenspiel immer wieder neu erlebt werden und eigenen Gesetzmäßigkeiten unterworfen sind, wird der Lehrer nie routiniert vorgehen können, aber durch häufige Wiederholungen eine gewisse Sicherheit in der Anwendung der Methode erfahren. Den Anfang macht das «Vereinsspiel».

a)  ● Der mit Stühlen gezogene Kreis wird nun geöffnet, so daß eine Hufeisenform entsteht. In dieser Öffnung wird ein Tisch mit fünf Stühlen gestellt.

   ● Die Schüler können im «Vereinsspiel» Aktion und Reaktion erfahren. Schließlich lernen sie Toleranz und können kommunikatives Verhalten erproben.

Der Lehrer bestimmt fünf Schüler, die einen Verein gründen sollen. Sie verlassen den Raum und besprechen, welchen Verein sie gründen wollen. Dann nehmen sie an einem Tisch Platz. Die übrigen Schüler nehmen nun an einer Vereinssitzung teil, die außergewöhnlich verläuft. Am Tisch wird über alles gesprochen, nur nicht darüber, um welchen Verein es sich handelt. Dies sollen die Zuschauer erraten.

Ein Beispiel aus der Praxis soll verdeutlichen, wie der Vorgang abläuft.

Fünf Schüler beschlossen, einen Antialkoholikerverein zu gründen. Die Sitzung wurde mit einem Rückblick auf den Vereinsausflug begonnen. Es wurde über die schöne Gegend gesprochen und schließlich auch darüber, daß man in einem Wirtshaus eingekehrt war. Das gute Essen wurde gelobt, aber die Getränke wurden ausgeklammert. Plötzlich unterbrach ein Vereinsmitglied die Sitzung und verlangte nach einem Bier. Sofort brach eine hitzige Diskussion aus, wobei der vehemente Widerstand gegen das Bier im Mittelpunkt stand. Auch die Versuche der anderen Vereinsmitglieder, ihn für ein alkoholfreies Getränk zu gewinnen, nutzten kaum etwas. So wurde die Lösung schnell gefunden.

Das ganze Rollenspiel dauerte 15 Minuten. Wäre diese Zeit überschritten worden, hätte der Lehrer das Spiel beenden müssen und die Idee wäre bekanntgegeben worden.

Nicht alle Variationsmöglichkeiten können hier ausgeschöpft werden, aber wenn es die Zeit zuläßt, sollte der Lehrer ein zweites Vereinsspiel erlauben. Es wird sich zeigen, daß die Schüler mit großer Freude an die Aufgabe herangehen.

Das nächste Spiel scheint auf den ersten Blick Sachkompetenz zu verlangen. Dazu nach der Erläuterung wieder ein paar grundsätzliche Bemerkungen.

b) ● Der im «Vereinsspiel» benutzte Tisch kann so stehen bleiben.
   ● Die Schüler lernen Verhandlungsgeschick, Kompro-

mißbereitschaft und ein durch Spielregeln festgelegtes Verhalten.

- Wegen des zeitlichen Aufwandes sind hier Wiederholungen nicht zu empfehlen.
- Ein Gerichtsverfahren bietet einen guten Anschauungsunterricht für das strikte Einhalten von Regeln.

Hier kann der Lehrer entweder wieder Schüler auffordern oder diejenigen einsetzen, die sich beteiligen wollen. Es geht um ein Gerichtsspiel. Es werden benötigt: 3 Personen, die das Gericht darstellen, 1 Angeklagter, 1 Verteidiger, 1 Staatsanwalt, 3 Zeugen. Die Zahl der Zeugen kann reduziert werden.

Das zu verhandelnde Delikt wird erst während der Verhandlung bekannt. Das heißt also, daß der Richter das Delikt einbringen muß. Das Verfahren soll wie in einem richtigen Prozeß ablaufen.

Aus der praktischen Erfahrung ist zu berichten, daß ein erstes Spiel, bei dem ein Verkehrsdelikt verhandelt wurde, problemlos durchgeführt werden konnte, während ein zweites Rollenspiel, welches Diebstahl zum Thema hatte, einen unvorhersehbaren Konflikt auslöste. Die beteiligten Rollenspieler fühlten sich nicht in der Lage, das Gerichtsverfahren zu beenden und begründeten dies mit mangelnden Kenntnissen.

Hier nun etwas Grundsätzliches, wie es auch bei der Durchführung dieser Aufgabe gesagt wurde: Rollenspiel heißt nicht, daß die Beteiligten Fachvertreter eines Berufes sein müssen. Der Ablauf eines Rollenspiels bleibt immer ein Spiel mit eigenen Gesetzmäßigkeiten. So können also auch Laien ihre Rollen, erwachsen aus ihrer Phantasie, so verkörpern, wie es ihnen ihre Phantasie eingibt.

Die beteiligten Schüler waren nämlich der irreführenden Meinung, daß sie wie Richter, Angeklagter, Zeuge, Verteidiger und Staatsanwalt real handeln müßten. Dieses Mißverständnis mußte schnellstens ausgeräumt werden.

Das Rollenspiel wurde noch einmal neu begonnen, und diesmal gab es keine Komplikationen. Unter den vorausgegangenen Aspekten betrachtet, war es erstaunlich, daß das festgesetzte Strafmaß «Freispruch» bedeutete, was real gesehen nicht möglich gewesen wäre. Die Begründung lautete, daß dem Angeklagten eine Chance gegeben werden sollte, um sich zu bewähren.

So war für alle Beteiligten dieses improvisierte Rollenspiel besonders reizvoll, weil der Ausgang des Verfahrens nicht einkalkulierbar war.

Die nächsten Beispiele aus dem Fach *Deutsch* sollen demonstrieren, wie ein Prosatext in Dialogform gebracht werden kann.

### Der Tisch mit den Büchern
### Hugo von Hofmannsthal

Ich spreche von der Geschichte der Flucht des Ratgebers des großen indischen Königs aus dem Turmzimmer. Ich spreche von dieser alten und wunderbar ermutigenden Geschichte. Er fiel in Ungnade, und der König ließ ihn im obersten Gemach eines schwindelnd hohen Turmes einsperren. Er aber, der Unglückliche, hatte eine treue Frau, die kam nachts an den Fuß des Turmes und rief nach ihm und fragte ihn, wie ihm zu helfen wäre. Er hieß sie wiederkommen die nächste Nacht und mit sich bringen ein langes Seil, eine lange starke Schnur, einen langen seidenen Faden, einen Käfer und ein wenig Honig. Die Frau wunderte sich sehr, aber sie gehorchte und brachte, was ihr befohlen war. Der Mann rief ihr von oben zu, den Seidenfaden fest an den Käfer zu binden, auf des Käfers Fühler einen Tropfen Honig zu tun und ihn an die Wand des Turmes zu setzen, den Kopf nach oben. Sie gehorchte und tat alles, und der Käfer fing an, emporzuklettern. Immer den Honig witternd, kletterte er langsam höher und höher, bis er auf der Spitze des Turmes ankam. Da faßte ihn der Gefangene und hielt den seidenen Faden in der Hand. Dann hieß er seine Frau, an das

> untere Ende des seidenen Fadens die starke Schnur binden, und zog die Schnur empor, und an das untere Ende der Schnur das Seil binden, und zog das Seil empor. Und das übrige war nicht mehr schwer.

Aus: H. v. Hofmannsthal, *Gesammelte Werke,* Reden und Aufsätze 1, 1891–1913
© S. Fischer Verlag GmbH, Frankfurt a. Main 1956, 1957, 1958

Zwei Personen werden benötigt. In die Mitte des Kreises wird ein Tisch gestellt, darauf ein Stuhl. So kann ein Turm improvisiert werden. Der Schüler nimmt auf dem Stuhl Platz und die Schülerin stellt sich vor den Tisch.

Dann entwickelt sich folgender Dialog, der hier simuliert wurde. Der Improvisationscharakter sollte auf jeden Fall erhalten bleiben.

*Frau:* (leise) Hallo, Mann!

*Mann:* (stumm)

*Frau:* (leise) Hörst du mich, ich bin es, deine Frau!

*Mann:* (steht langsam auf) Welch ein Unglück!

*Frau:* Kann ich dir helfen?

*Mann:* Ja. – Ich habe eine Idee. Komme nächste Nacht wieder und bringe ein langes Seil, eine lange starke Schnur, einen langen Seidenfaden, einen Käfer und ein wenig Honig mit.

*Frau:* Was willst du denn mit all dem Zeug?

*Mann:* Frag nicht lange. Bring, was ich dir gesagt habe.

*Frau:* Na gut. Du wirst schon wissen warum. (Frau geht fort, kurze Pause. Mann setzt sich auf den Stuhl. Dann erscheint die Frau wieder.)

*Frau:* Hallo, Mann!

*Mann:* (steht auf) Ja.

*Frau:* Ich habe alles mitgebracht, was du gewollt hast.

*Mann:* Gut. Nimm jetzt den Käfer und binde den Seidenfaden um seinen Körper. Mach jetzt den Tropfen Honig an seinen Fühler und setz den Käfer an die Wand.

*Frau:* Er ist kaum noch zu halten. So jetzt läuft er. Er krabbelt immer höher.

89

*Mann:* Ja, ich sehe ihn schon. Bald ist er oben.

*Frau:* Und was soll ich dann machen?

*Mann:* Warte ab, ich sags dir gleich, wenn der Käfer oben ist.
– Da kommt er. – Ich habe ihn. – So, jetzt binde die starke
Schnur an den Seidenfaden.

*Frau:* Gut.

*Mann:* Wenn ich die Schnur jetzt heraufgezogen habe, dann
binde das Seil an das untere Ende der Schnur.

*Frau:* Ja, mache ich.

*Mann:* Nun habe ich auch das Seil und kann mich daran her-
unterlassen. Gleich bin ich bei dir und in Freiheit.

«Der Tisch mit den Büchern» ist hier in Dialog- und Spiel-
form nach der Vorlage wiedergegeben worden.

Nun ist es die Aufgabe des Schülers, dieselbe Erzählung
mit Konflikten zu befrachten, andere Lösungsvorschläge zu
machen. Wenn ein Konsens erreicht wurde, können diese
Variationsmöglichkeiten nach dem gleichen Schema gespielt
werden.

Denkbare Variationen, die der Lehrer vorgibt, wären:
1. Es hat vor der Einkerkerung einen Ehestreit gegeben und
   die Frau ist froh darüber, daß ihr Mann im Turm sitzt. Sie
   kommt zum Turm und sagt ihm das auch. Darüber ist der
   Mann so verzweifelt, daß er sich aus dem Fenster stürzen
   will.
   (Hier endet die Spielvorlage. Die Aufgabe der Schüler ist
   es nun, darüber zu diskutieren, ob der Mann sich aus dem
   Fenster stürzt oder nicht. Welches Ende wäre denkbar?)
2. Die Frau bekommt bis zur nächsten Nacht die geforder-
   ten Gegenstände nicht zusammen. (Kann der Mann
   befreit werden? Wenn ja, wie?)
3. Beide werden bei der Rettungsaktion von einem Wächter
   überrascht. (Wie geht der Zwischenfall aus?)
4. Der Mann will nicht gerettet werden. Er will sich in sein
   Schicksal fügen und die schwere Strafe erdulden. (Gelingt
   es der Frau trotzdem, ihn zur Freiheit zu überreden?)

5. Der König hat erfahren, daß die Frau einen Rettungsversuch unternehmen will. (Wie entscheidet der König? Läßt er den Mann schärfer bewachen, so daß er zum Beispiel nicht mehr herausgucken darf, oder verlegt er ihn in einen Raum, der von der Außenwelt abgeschlossen ist?)

## Zielvorstellungen zu den beschriebenen Variationsmöglichkeiten

*zu 1:* Die Schüler sollen lernen, wie ein intimer Dialog an die Öffentlichkeit gebracht werden kann und für Außenstehende nachvollziehbar wird (Abbau von Tabus). Darstellung von Position und Gegenposition. Weiterhin soll gelernt werden, wie man sich aus einer fast ausweglosen Situation nicht nur befreien kann, sondern sie unter Umständen noch ins Positive verkehrt.

*zu 2:* Hier kann das Lösen von Problemen in Gruppenarbeit erprobt und gelernt werden.

*zu 3:* Erlernung von Reaktionsschnelligkeit. Sich in einer spontanen Situation zurechtfinden.

*zu 4:* Selbstanalyse des Schülers. Argumentative Überzeugungskunst der Schülerin.

*zu 5:* Einübung von Techniken in die Entscheidungsgewalt. Die Schüler sollen Verständnisbereitschaft für populäre und unpopuläre Entscheidungen des Staates lernen.

Das folgende Beispiel wurde als Kontrast zur ersten Kurzgeschichte ausgewählt. Es steht keine Handlung im Mittelpunkt, sondern eine Situation. Außerdem gibt es keine ausgeprägten Variationsmöglichkeiten. Trotzdem soll ein Rollenspiel versucht werden.

*Die Pferde*
*Martin Buber*

Auf ihren langen Wanderschaften pflegten Rabbi Sussja und Rabbi Elimelech, sooft sie in die Stadt Ludmir kamen, bei einem armen und frommen Mann einzukehren. Nach manchen Jahren, unterdes ihr Ruf überallhin gedrungen war, kamen sie wieder einmal nach Ludmir, aber nicht mehr wie einst zu Fuß, sondern im Wagen. Der reichste Mann des Städtchens, der früher nichts von ihnen hatte wissen wollen, fuhr, als die Kunde von ihrem Nahen ihn erreichte, sogleich ihnen entgegen und bat sie, in seinem Haus Wohnung zu nehmen. Sie aber sagten: «An uns hat sich doch nichts geändert, daß Ihr uns mehr zu achten hättet als zuvor. Was neu hinzugekommen ist, sind nur der Wagen und die Pferde. So nehmt die bei Euch auf, uns aber laßt wieder bei unserm alten Gastgeber Herberge suchen.»

Aus: Martin Buber, *Die Erzählungen der Chassidim*, Manesse Verlag, Zürich 1949

Es werden drei Schüler benötigt. In der Mitte des Kreises werden vier Stühle so angeordnet, daß je zwei nebeneinander stehen. Das ist der Wagen. In der vorderen Reihe sitzen Sussja und Elimelech nebeneinander. Der reiche Mann kommt später dazu. (Da keine Handlung vorliegt, muß eine erfunden werden. Sie ergibt sich aus der vorgegebenen Situation.)

Sussja hält die Zügel in der Hand und dirigiert die Pferde (Pantomime). Die Fahrt hat bereits begonnen, und es entwickelt sich folgender Dialog. Er wurde wieder simuliert und soll improvisiert gesprochen werden.

*Sussja:* Die Pferde sind mal wieder gut gelaunt, sie ziehen prächtig.

*Elim.:* Sie haben wohl gut zu fressen bekommen.

*Sussja:* Ihnen geht es wie den Menschen. Wenn sie sich den Bauch vollgeschlagen haben, sind sie auch bei bester Laune.

*Elim.:* Der Iwanow wird sich bestimmt freuen, wenn wir ihn nach so langer Zeit besuchen.

*Sussja:* Obwohl er arm ...

*Elim.:* ... und fromm ist. Er hat uns immer fürstlich empfangen. – Erinnerst du dich noch an die Zeit, als wir zu Fuß hierher nach Ludmir kamen?

*Sussja:* Ja, das ist schon Jahre her.

(Der reiche Mann hat sich vor den Wagen gestellt und hält ihn an.)

*Elim.:* Schau mal, da stellt sich jemand in den Weg. Halt mal an.

*Sussja:* Was willst du von uns? Gib den Weg frei. Wir wollen nach Ludmir.

*Mann:* Wartet einen Augenblick. Ich bin der reichste Mann von Ludmir, und ich habe schon viel von euch gehört. Ich wollte es mir nicht nehmen lassen, euch entgegen zu fahren. Mein Wagen steht einige Meter von hier entfernt. Ich werde voraus fahren und euch nach Ludmir leiten. Dort seid ihr meine Gäste.

*Sussja:* Nein. Was hat sich denn an uns verändert, daß Ihr uns mehr achten müßtet, als zuvor?

*Elim.:* Neu sind nur der Wagen und die Pferde. So nehmt die bei Euch auf. Wir aber wollen wieder bei unserem alten Gastgeber wohnen.

Die Schüler sollen wieder Lösungs- und Veränderungsvorschläge machen.

Denkbare Variationen wären:

1. Sussja und Elimelech kommen nie in Ludmir an, weil unterwegs ihr Wagen streikt oder die Pferde nicht mehr ziehen wollen. (Der Lehrer kann diese Variante angeben und durchspielen lassen. Wie stellen sich die Schüler den Fortgang des Geschehens vor? Anregung der Phantasietätigkeit!)

2. Sussja und Elimelech erfahren vom reichen Mann, daß Iwanow schon vor Jahren gestorben ist. (Wie verhalten sich Sussja und Elimelech daraufhin? Kehren sie um oder kehren sie beim reichen Mann ein?)

3. Der reiche Mann reagiert so, wie Sussja und Elimelech es
   ihm geraten haben. Er nimmt Wagen und Pferde mit und
   Sussja und Elimelech fahren zu Iwanow. (Fahren die beiden tatsächlich zu Iwanow, oder sind sie von dieser Entscheidung überrascht?)

Bei allen Variationen wird deutlich, daß die Schüler sie nicht
nur durchspielen sollen, sondern das Für und Wider abwägen
und ausdiskutieren können. Dadurch wird die Erlernbarkeit
von Entscheidungen und die Reaktion auf spontan entstandene Situationen trainiert. Mindestens *eine* Variante sollte
durchgespielt werden. Beispielsweise können Sussja und Elimelech die Einladung annehmen und bei dem reichen Mann
zu Gast sein. (Welches Gespräch könnte sich entwickeln?)

Mehrere Schüler sollten die Möglichkeit erhalten, ihre
Lösungsvorschläge vorzustellen und spielerisch zu gestalten.
Durch die Anerkennung aller Entscheidungen wird die Kom-
promißbereitschaft der Schüler gefördert.


Ein Rollenspiel mit verschiedenen Schauplätzen ist besonders
schwierig. Für die szenische Umsetzung müssen Räume geschaffen werden, die die Verschiedenartigkeit klar erkennen
lassen. Eine gute Vorlage bietet deshalb der folgende Kurz-
Krimi.

*Ein delikater Auftrag*
*Von Larry Powell*

Milton ließ ein paar Minuten verstreichen, ehe er sich
der Glasfront des Lokals näherte und durch die Schei-
ben spähte. Er sah, wie der gutaussehende junge Mann
sich über den Tisch beugte und ihr die Hand drückte.
Dann gab er eine Bestellung auf, während seine Partnerin zum Lippenstift griff. Die beiden hatten sich offenbar im Taxi geküßt. *(1)*
    Obwohl sich bei Einbruch der Dämmerung die Luft
beträchtlich abgekühlt hatte, war Miltons Hemdkragen

schweißnaß. Er lockerte den Knoten seiner Krawatte und blickte nervös auf die Armbanduhr. Viertel nach acht. Hoffentlich konnte er den Detektiv noch erreichen. *(2)*

Milton hastete zur nächsten Telefonzelle und wählte die Nummer. Das Freizeichen tönte endlos. *(3)*

Milton war ein schmächtiger Mann mit gelichtetem Haar und schwammigen weißen Händen mit blauen Tintenflecken an den Fingerspitzen. Er arbeitete in einer Firma für Steuerberatung. Noch nie in seinem Leben war er in einer so vertrackten Situation gewesen. Aber er selber hatte sich da hineinmanövriert. *(4)*

Es vergingen anderthalb Stunden, ehe das Paar das Lokal wieder verließ und zum zweitenmal ein Taxi bestieg. Milton begab sich hastig zu seinem eigenen Wagen, den er in der Nähe geparkt hatte, und fuhr zu dem alten Mietshaus, wo der junge Mann wohnte. Er erreichte es gerade noch rechtzeitig, um das Paar beobachten zu können, wie es gemeinsam die Treppe zum Hauseingang hinaufstieg. Kurz darauf flammte das Licht hinter einer Jalousie auf. *(5)*

Milton fand erst zwei Straßen weiter eine Telefonzelle und versuchte es zum zweitenmal. Diesmal hatte er Glück. Der Detektiv meldete sich. *(6)*

«Ich wollte fragen, ob Sie heute abend noch einen Auftrag übernehmen können», sagte Milton atemlos. *(7)*

«Hat das nicht bis morgen Zeit?» erkundigte sich die Stimme am Telefon. Der Detektiv hieß Andrews. *(8)*

«Wahrscheinlich könnte ich auch noch einen anderen Detektiv dazu bewegen, den Auftrag zu übernehmen.» *(9)*

«Moment mal – wir können ja darüber reden. Um was für einen Auftrag handelt es sich denn?» *(10)*

«Eine reine Routinesache für Sie. Meine Frau hat sich mit einem anderen Mann getroffen.» *(11)*

Der Detektiv ließ sich einen Moment Zeit mit der Antwort. Milton hörte nur ein undeutliches Geräusch –

ein Glucksen: Andrews stärkte sich offenbar mit einem Schluck aus einem Glas. *(12)*

«Wir müßten uns zuerst über die Einzelheiten unterhalten. Können wir uns irgendwo treffen?» *(13)*

«Gut – ich komme in Ihr Büro. Ich bin nämlich in einer Telefonzelle ganz in Ihrer Nähe.» *(14)*

«Ihre Stimme kommt mir irgendwie bekannt vor. Sind wir uns schon mal begegnet?» *(15)*

«Das sind wir», erwiderte Milton. «Carter ist mein Name. Ich bin der Mann, der den grünen Ford fuhr.» *(16)*

«Na – so ein Zufall!» *(17)*

«Da haben Sie recht», bestätigte Milton. «Die Welt ist klein. Ich bin in ein paar Minuten in Ihrem Büro.» *(18)*

Das Büro des Privatdetektivs lag im Erdgeschoß eines ärmlichen Mietshauses. Andrews öffnete ihm persönlich die Tür, ein breites Grinsen auf dem Gesicht. «Das ist wirklich eine Überraschung, Carter. Ich hätte mir nie träumen lassen, daß ausgerechnet Sie mit einem Auftrag zu mir kommen.» *(19)*

Milton putzte seine Brille mit dem Taschentuch. Er war zwar genauso groß wie der Detektiv, aber fast einen halben Zentner leichter. «Sie sind der einzige Privatdetektiv, den ich kenne», murmelte er. *(20)*

«Ich möchte mich noch nachträglich für das entschuldigen, was damals vorgefallen ist», meinte Andrews. «Es tut mir leid, daß ich Sie damals so verprügelt habe. Aber ich hatte mein Cabriolet gerade erst zwei Tage, als Sie mich mit Ihrem Wagen rammten. Konnte mich eben nicht mehr beherrschen. Schließlich hatten Sie ja die Vorfahrt nicht beachtet.» *(21)*

«Es waren meine Bremsen», sagte Milton. «Ich habe Ihnen das damals zu erklären versucht.» *(22)*

«Ich weiß, aber Ihre Erklärung kam zu spät.» Der Detektiv schüttelte den Kopf. «Mein heftiges Temperament hat mir schon oft einen Streich gespielt. Deswegen mußte ich auch den Polizeidienst quittieren.» *(23)*

Er schlug mit der flachen Hand auf den Tisch, um sich selbst zu unterbrechen. «Aber Sie kommen ja wegen Ihrer Frau zu mir, wenn ich richtig verstanden habe.» *(24)*

«Sie haben richtig verstanden», stimmte Milton mit einem Kopfnicken zu. «Ich mußte vor einer Woche Überstunden machen. Und als ich das Büro verließ, um mir ein paar belegte Brote zu kaufen, da sehe ich sie doch, wie sie gerade mit einem jungen Mann aus dem Taxi steigt. Sie verschwanden in einem Lokal. Ich verfolgte die beiden später bis zu seinem Wohnhaus. Heute abend habe ich sie wieder zusammen ertappt.» *(25)*

«Soll ich die Personalien des Mannes feststellen?» *(26)*

«Ich brauche Beweise für die Scheidungsklage. Im Augenblick sind sie wieder in seiner Wohnung. Ich kann Ihnen die Adresse des Hauses geben.» *(27)*

«Die Vorarbeit haben Sie ja schon geleistet. Den Rest erledige ich spielend», murmelte der Detektiv, während er sich die Adresse notierte. *(28)*

Milton nickte. «Können Sie das noch heute nacht erledigen? Ein paar Fotos vielleicht?» *(29)*

«Reine Routine. Ich habe da so meine Methode. Auf jeden Fall bekommen Sie morgen alle Beweise, die Sie brauchen.» *(30)*

«Können Sie mich noch heute nacht anrufen, wenn – wenn Sie den Auftrag ausgeführt haben?» *(31)*

Der Detektiv grinste. «Wenn Sie es gerne wollen ...» *(32)*

Milton fuhr auf dem Weg nach Hause noch einmal an der besagten Adresse vorüber. Hinter der Jalousie brannte immer noch Licht, aber diesmal gedämpft. Er ging zu Bett, aber er fand keinen Schlaf. Immer wieder blickte er auf die Uhr und wartete darauf, daß das Telefon klingelte. Aber als es bis zwei Uhr morgens still blieb, drehte er sich zur Wand, lächelte und schlummerte ein. *(33)*

Das Telefon läutete erst, als es schon lange hell war

und seine Frau gerade in der Küche Kaffeewasser aufsetzte. Milton nahm den Hörer ab. Ein Sergeant vom Polizeipräsidium erkundigte sich, ob Milton einen Privatdetektiv namens Andrews engagiert habe. *(34)*

«Ich kenne den Mann flüchtig, Sergeant. Vor gar nicht langer Zeit waren wir in einen Verkehrsunfall verwikkelt. Ich habe seinen neuen Wagen beschädigt, und er drohte mir, sich dafür zu revanchieren. Ich frage Sie – würde ich einen solchen Mann engagieren? Und wie kommt er dazu, so etwas zu behaupten?» *(35)*

«Wir kennen ihn, Mr. Carter. Macht uns laufend Schwierigkeiten. Hat sich mal wieder in die Nesseln gesetzt und versucht jetzt, Ihnen etwas anzuhängen. Entschuldigen Sie – und vergessen Sie den Anruf.» *(36)*

Als Milton in die Küche kam, hatte seine Frau gerade die Zeitung auf dem Tisch ausgebreitet. *(37)*

«Das wird dich interessieren. Liebling, Du erinnerst dich doch an den Detektiv, der sich damals bei unserem Unfall so wild aufgeführt hat. Denk dir nur: Letzte Nacht drang er in die Wohnung eines Mannes ein, der gerade seine Freundin bei sich hatte. Der Detektiv hatte eine Kamera dabei und wollte die beiden aufnehmen.» *(38)*

«Wie kam er denn auf diese verrückte Idee?» *(39)*

«Steht nicht drin. Zu seinem Pech war der Mann, den er aufs Korn nahm, Judolehrer und prügelte ihn windelweich, ehe er den Irrtum erklären konnte. Und, Milton – die Welt ist wirklich klein!» *(40)*

«Wieso?» *(41)*

«Der Judolehrer ist derselbe Mann, bei dem du ein paar Abende lang Stunden genommen hast. Damals, als du noch so wütend über den Detektiv warst und davon sprachst, du würdest es ihm schon noch heimzahlen. Ich bin wirklich froh, daß du das aufgegeben hast.» *(42)*

«Ich war eben ein schlechter Judoschüler. Ich hätte es nie so weit gebracht, um mit Andrews abrechnen zu können», erwiderte Milton. «Außerdem wollte ich nicht nachtragend sein ...» *(43)*

Aus: *Schweizer Sprachbuch 7. / 8. Schuljahr, Schülerausgabe;*
Sabe AG Verlagsinstitut für Lehrmittel, Zürich 1978

Es bedarf einiger Vorbereitungen, um diese vom Ablauf schwierige Vorlage als Rollenspiel durchzuführen.

Folgende Personen werden benötigt: Junger Mann, Partnerin, Milton, Taxichauffeur, Detektiv Andrews, Sergeant, Miltons Frau. Der szenische Rahmen umfaßt 5 Schauplätze. Die folgenden schematisierten Erläuterungen stellen eine Kombination von Raumaufteilung und szenischem Ablauf dar. Die im Text vermerkten Zahlen dienen als Hinweis auf die in der Vorlage am Ende jedes Abschnittes angeführte Numerierung.

## Szenenaufteilung

1. In der Mitte ein Tisch mit 2 Stühlen, daran sitzen Junger Mann und Partnerin. Ca. 2 Meter davon entfernt steht Milton. Noch einmal 1 Meter davon entfernt steht ein Stuhl (Telefonzelle). Auf pantomimisches Spiel achten (1, 2, 3,)! Inhalt (4) kann als Selbstgespräch geführt werden, während er in der Telefonzelle auf Anschluß wartet. (So wird diese Information als Monolog weitergegeben.)
2. Der Tisch und die 2 Stühle werden beiseite geräumt. Es werden 4 Stühle zu einem Rechteck zusammengestellt (Taxi). Vorne nimmt der Taxichauffeur Platz. Dann wechseln Junger Mann und Partnerin mit dem Chauffeur ein paar Worte (improvisierter Dialog), steigen ein und fahren los. – Milton braucht ebenfalls einen Wagen, er wird genauso zusammengestellt. Der Stuhl, der als Telefonzelle diente, muß stehen bleiben. Dann läuft die Aktion wie in der Vorlage beschrieben ab (5 und 6).
3. An irgendeinem Platz sitzt der Detektiv Andrews und führt sein Telefongespräch, während Milton in seiner

Telefonzelle steht. Der Dialog (7–18) kann entweder abgelesen oder auswendig (was besser wäre) geführt werden.

4. Die Stühle müssen fortgeräumt werden. Dann wird ein Tisch (Schreibtisch für Andrews) und 2 Stühle aufgestellt. Die Stühle sollten so stehen, daß zwischen ihnen der Tisch steht. Zu Beginn sitzt Andrews am Schreibtisch, dann klingelt es und er öffnet die Tür. Während des Dialoges (19 und 20) führt Andrews Milton zum Stuhl und bietet ihm Platz an, dann nimmt er hinter seinem Schreibtisch Platz.

Auf Mimik und Gestik achten (19, 20, 23, 24, 25, 28, 29, 32)! Der weitere Dialog wird sitzend geführt. Auch hier kann das Gespräch (19–32) abgelesen oder auswendig vorgetragen werden.

5. Die Fahrt nach Hause kann übersprungen werden. – Nun wird Miltons Wohnung hergerichtet. Zunächst werden Tisch und 4 Stühle zusammengestellt (Sitzecke). Dann 3 Stühle so zusammenstellen, daß Milton darauf liegen kann (Bett). Am etwas entfernt stehenden Tisch sitzt später Miltons Frau. Zu Beginn der Szene (33 untere Hälfte) versucht Milton einzuschlafen, dann schaut er auf die Uhr, wälzt sich unruhig im Bett herum und schläft schließlich ein. Dann erst kommt Miltons Frau und setzt sich an den Tisch, sie trinkt Kaffee (Pantomime). Milton nimmt den Telefonhörer (Pantomime) ab und sitzt aufrecht im Bett. Der Sergeant befindet sich außerhalb der Szene und telefoniert mit ihm. Die betreffende Stelle (34 untere Hälfte) sollte in einen Dialog umgewandelt werden. Die Situation ist unverändert (35 und 36). Milton legt den Hörer auf und geht zum Tisch, er begrüßt seine Frau, die vor sich eine Zeitung (Pantomime) liegen hat. Diese Situation (37) leitet zu folgender Position über: Miltons Frau sitzt am Tisch vor der Zeitung, Milton steht hinter ihr. Dann beginnt Miltons Frau den Dialog (38). Danach setzt sich Milton ihr gegenüber. (39)

Der Dialog wird ohne Veränderung in der Position beendet.

Das hier erstellte Schema ist in dieser Form auf andere schwierige Formen übertragbar. In jedem Fall muß aber vor der Durchführung eines Rollenspiels ein Konzept erarbeitet werden, in dem, wenn nötig, eine Szenenaufteilung und eine detaillierte Reihenfolge des Handlungsablaufs vorgenommen wurde.

Damit die zuschauenden Schüler auch Spielpraxis bekommen, kann das Rollenspiel in wechselnder Besetzung solange wiederholt werden, bis alle Schüler einmal eine Rolle gespielt haben. Diese Wiederholungen dienen auch zum besseren Verständnis des Wissensstoffes.

Wenn das Lernziel so spielerisch vermittelt werden kann, wird sich bald herausstellen, daß die Schüler an dieser Form der Wissensvermittlung Gefallen finden werden.

Daß sich auch ein Prosatext mit einem Ich-Erzähler für ein Rollenspiel eignet, beweist die Erzählung *Love Me Tender* von Silvio Blatter, obwohl hier eine Mischform angewendet werden sollte, bei der ein Schüler einige Passagen liest, während andere gespielt werden.

Um die Inhaltsübermittlung effektiver zu gestalten, kann auch zur Gruppenarbeit übergegangen werden. Es werden Gruppen gebildet, die isoliert voneinander eine Szene diskutieren und spielerisch erproben. Nach etwa 90 Minuten kommen alle Gruppen zusammen und spielen das Ergebnis vor. Der Vergleich ermöglicht andere Sehweisen des Beispiels.

In der Gruppe sollte so vorgegangen werden, daß zunächst eine Person bestimmt wird, die als Spielleiter fungiert, und daran anschließend sollen die Rollen bestimmt werden. Es sollte darauf geachtet werden, daß die praktische Arbeit nicht zu kurz kommt.

Bei dem ersten Ausschnitt werden also ein Spielleiter, eine Sekretärin, der Ich-Erzähler und Surina benötigt. Die Passagen des Ich-Erzählers, in denen er über das Einstellungsgespräch nachdenkt, können entweder als Selbstgespräch gespielt oder von einer anderen Person gelesen werden.

*Love Me Tender*
*Silvio Blatter*

Drei Tage später führten wir unser erstes Gespräch. Der vermögende Bauunternehmer Surina war vierzig Jahre alt und gehörte nicht zu den Menschen, die sich heimatlos fühlen. Er stand mit beiden Füßen auf dem Boden und hatte für Tagträumer nur ein Lächeln. So saß ich in seinem Büro, rauchte Pfeife und hörte ihm zu. Surina trug sich mit der Absicht, in Meldorf eine Veranstaltung aufzuziehen, bei der es zu einem Wettstreit der gegenwärtig besten Zehnkämpfer kommen sollte. Er stellte von Anfang an zwei Punkte klar. Er verlange erstens von mir keinen Rat; daß er den Wettkampf durchführen werde, stand fest. Zweitens solle dieses Treffen kein gewöhnliches werden. Die Zehnkämpfer mußten versuchen, den Weltrekord zu brechen. Ich stopfte meine Pfeife nach, trank den Kaffee, den die Sekretärin gebracht hatte. Surina besaß Geld – und er wollte das notwendige Kapital investieren.

Die Weltbesten in Meldorf?

Das ist nur eine Frage des Geldes.

Einen Termin, ein Wochenende im September, hatte Surina bereits vorgemerkt.

Und wenn die Athleten bei einem anderen Veranstalter verpflichtet sind?

Surina stockte einen Augenblick, schaute auf die Uhr, die hereinfallendes Sonnenlicht wie ein Spiegel auffing und als gleißenden Fleck an die Decke warf. Für Meldorf vorgesehene Wettkämpfer konnte man freikaufen. Sein Ehrgeiz, das merkte ich, würde ihn dazu bewegen, den drei in Frage kommenden Athleten das vorteilhafteste Angebot zu machen. Sie sollten ihr Training auf diesen Kampf hin ausrichten und ihn als den Höhepunkt der Saison betrachten.

Sie könnten mein Mann sein, sagte er, der Organisator des Wettkampfs.

Zuletzt nannte er die Namen der Athleten, die seiner Meinung nach über den nötigen Biß verfügten, den Rekord zu brechen: Jenner, USA. Walde, BRD. Bendkowski, DDR.

Als ich nach Hause ging, wurde es Abend. In den Gärten schimmerte der Schnee. Vögel in kahlen Sträuchern. Die Unterredung beschäftigte mich, das phantastische Projekt besetzte meinen Kopf. Geschäftige Leute, dachte ich, laufen durch enge Gassen; die Stadt ist klein, für dieses Unternehmen zu klein. Unterwegs betrachtete ich Fotos im Schaukasten des Turnvereins. Ein Vergleich mit den Meldorfer Turnern erhob die Zehnkämpfer zu Giganten. Und das waren sie auch. Man kannte sie vom Fernsehen, hatte in Zeitungen über sie gelesen, am Radio von ihnen gehört. Sie hatten im vergangenen Jahr die höchsten Punktzahlen erreicht und führten die Weltrangliste an. Ausnahmekönner sind sie, dachte ich, dienen ihren Herkunftsländern als Aushängeschild, Markenartikel sind sie, Publikumslieblinge – Stars. Ihr gemeinsames Auftreten wäre eine Sensation. Der Wettkampf würde Meldorf für einmal in den Mittelpunkt der Sportwelt rücken.

Langsam ging ich nach Hause.

Ja, es war vermessen, die Zehnkämpfer in Meldorf zusammenführen zu wollen. Neben mir rollte der Verkehr; die Fahrer in den dunklen Wagen sahen aus wie Gefangene. Warum aber sollten sie nicht in Meldorf aufeinandertreffen?

Bei diesen Gedanken begann ich den Mann, der es sich in den Kopf gesetzt hatte, den Rekord in der wohl schwierigsten Sportart gerade hier brechen zu lassen, zu bewundern.

Langsam ging ich nach Hause.

Sie könnten mein Mann sein, hatte er gesagt. Das schmeichelte mir. Mit unbewegtem Gesicht war ich ihm gegenübergesessen, hatte geraucht, und auch als er mir eine Entlohnung in Aussicht stellte, die mein Einkommen weit übertraf, hatte ich mich mit meiner Pfeife befaßt, als sei sie die Hauptsache.

Er habe meine Artikel in der Regionalzeitung gelesen, hatte Surina gesagt.

Ich arbeitete regelmäßig für die Zeitung, das war mein Brotberuf, und hatte über Freizeitsport geschrieben, auch über die Leute, die in einem Gesundheits- und Fitnesswahn Bestleistungen nachrennen, als frönten sie einer neuen Religion, als locke sie eine große Verheißung.

Ihre Aufsätze sind vortrefflich, hatte er gesagt.

Surina suchte mich zu gewinnen – und hatte mich doch schon gewonnen. Zwar zögerte ich weiterhin, fand aber, alles in allem, keinen stichhaltigen Grund, sein Angebot auszuschlagen.

Ob die Zeitung wohl so lange auf meine Mitarbeit verzichte? Surina sah keine Schwierigkeiten; er sei mit dem Herausgeber befreundet. Es gilt auch, hatte er gesagt, die Reklametrommel zu rühren, um den Zehnkampf in aller Mund zu bringen. Ich schwieg. Er hatte jedoch instinktiv erfaßt, wie sehr mich das Projekt interessierte, und schnitt mir das Wort ab, als ich weitere Einwände vortrug.

Bedenkzeit?

Ja, sagte ich, ich brauche Bedenkzeit.

Surina war sich seiner Sache gewiß und belastete sich nicht mehr mit Zweifeln, saß da, die Hände vor dem Bauch gefaltet, zurückgelehnt im Sessel. Das Wort clever kam mir in den Sinn. Er ist ein Macher, dachte ich, aber er hat einen sensiblen Mund. Er ist ein Geschäftsmann, mit allen Wassern gewaschen. Gerade seine Gerissenheit bot Gewähr für das Gelingen des Vorhabens. Dies alles imponierte mir, und es stieß mich ab. Da sah ich auf seinem Schreibtisch eine Muschel liegen. Er – und eine Muschel auf dem Tisch? Surina erhob sich. Als er mich verabschiedete, überlegte ich, ob es wohl angebracht sei, in seinem Büro zu rauchen.

Geben Sie morgen Bescheid, sagte er.

Unter der Tür gab er mir die Hand: Ich freue mich über Ihre Mitarbeit. In einem maßgeschneiderten Anzug stand er vor mir. Nein, um so viel größer war er nicht. In der linken Hand hielt ich die Pfeife, murmelte Danke, auf Wiedersehen, wolkte nochmals Rauch ins Zimmer und befand mich schon im Vorraum. Hinter mir schloß sich die Tür.

Den Duft meines Tabaks aber ließ ich in seinem Büro zurück. Jetzt war ich geradezu froh, bei ihm geraucht zu haben. Mich konnte man vor die Tür setzen, mein Pfeifenrauch blieb, etwas von mir Erzeugtes setzte sich hartnäckig fest. Ein Restchen Ich.

Nach dieser Feststellung hatte ich am Ende unserer ersten Besprechung, vorbei an der Sekretärin, in deren Lächeln ich mich beinah verfangen hätte, das Haus verlassen.

Am anderen Tag sagte ich zu.

Gewiße charakterliche Züge der einzelnen Figuren können durch Äußerlichkeiten markiert werden. Surina könnte zum Beispiel lange Pausen machen, bevor er spricht. Der betreffende Schüler könnte seine Stimme verstellen, so daß er ziemlich hoch und schneidend spricht. Ein markantes Zeichen von Arroganz ist es auch, wenn Surina seinen Gesprächspartner nicht anschaut, weder wenn der Partner spricht, noch wenn er selbst spricht.

Im Büro hat der Ich-Erzähler nicht viel zu sagen, er sammelt Eindrücke. Nach dem Verlassen des Büros kann der Ich-Erzähler in einer Rückblende monologisierend seine Eindrücke wiedergeben. Oder er geht wortlos ein paar Schritte, setzt sich dann und denkt nach. Während dieser Aktionen können die entsprechenden Textpassagen gelesen werden.

Der nächste Auszug ist deshalb gewählt worden, weil er die Möglichkeit bietet, auch ein brisantes Thema darzustellen.

Die fast in Dialogform geschriebene Passage eignet sich auch als Diskussionsgrundlage.

Folgende Personen werden benötigt: Ich-Erzähler, Markus.

*Love Me Tender*
*Silvio Blatter*

Markus besuchte mich wieder. Ich erschrak, so mager war er nicht einmal in meiner Erinnerung gewesen. Ich bat ihn in die Küche. Auf dem First des Nachbarhauses saß eine Amsel, ein gelbschnäbliges Männchen, und sang, als hätte es die Musik erfunden. Markus hatte eine Platte aufgelegt. Dollar Brand, Back To Africa. In die Musik mischte sich der Gesang der Amsel. Ich bat Markus, für uns den Tisch zu decken. Ich schob Käseschnitten in den Backofen.

Auf Klavierimprovisationen fahre ich ab, sagte er. Ich: Jarrett und Brand mag ich am liebsten.

Er: Nur die Amsel auf dem Dach sollte man abknallen. Er ging zum Fenster und vertrieb sie mit heftigen Pfiffen. Ich lachte. Und als er sich setzte, grinste auch er. Mir tat das wohl. Er aß, als habe er wirklich Hunger.

Die Schule schaffe ich nicht, sagte er, im Herbst ist Schluß. Er redete von seinem Vater, diesem Berg. Zum Kaffee, den wir in meinem Zimmer tranken, schnitt ich Linzertorte auf. Torte mochte er. Jarrett spielte die Orgel. Die Klänge blieben in den Räumen hängen. Markus sprach von einem Internat. Die Mutter habe es ausgewählt, der Vater sei einverstanden.

Und du, fragte ich.

Er: Auf mich kommt es nicht an.

Ich: Auf wen denn sonst?

Er zuckte die Schultern. Nun war es im Zimmer dunkler als draußen; die Gegenstände hoben sich kaum mehr ab. Ich machte Licht, es trennte die Dinge wieder voneinander. Markus gestand, daß er Tabletten

106

schlucke. Die Mittel seien leicht zu beschaffen, er verteile den Einkauf auf die Apotheken in Meldorf oder besorge sich die Ware, wenn er mit dem Moped über Land fahre. Nur die Mutter wisse von seiner Sucht. Andere Drogen habe er versucht, abhängig sei er nur von Tabletten. Wegen der Tablettensucht fürchte er sich, in das Internat abgeschoben zu werden, wo es ihm unmöglich sei, an die Mittel heranzukommen. Für ein Leben ohne den Stoff fehle ihm die Kraft.

Markus: Ohne Tabletten halte ich die Angst nicht aus. Todesangst befalle ihn; manchmal liege er halbe Nächte wach und wehre sich, aus Angst nicht mehr aufzuwachen, gegen den Schlaf. Er schlafe dann doch ein, wache wieder auf und empfinde das Aufwachen als Qual, die Ängste setzten wieder ein. Er benutze die Betäubungsmittel – um sich zu betäuben. Er fürchte sich vor dem Sterben, aber noch mehr vor der täglichen Versuchung, die für den Tod ausreichende Dosis zu schlucken. Sein Vorrat sei immer so groß, daß er seinem Leben ein Ende setzen könne.

In Frankreich, während der Zeltferien, sei er, mitten in der Nacht, zum Meer gefahren: Ich habe mich in den Sand gelegt und die Tabletten genommen. Mit dem Licht der Sterne und mit dem Geräusch der Wellen als Abschied, so habe er sterben wollen. Ein Freund, der sich mit einem Mädchen am Strand aufhielt, hatte ihn gefunden und ins Krankenhaus gefahren, wo man ihm den Magen auspumpte. Nach zwei Tagen erwachte er in einem Zimmer, er erinnerte sich an blaue Tapeten und Schweißgeruch. Zurückgekehrt von den Toten, scherzte er. Aber nicht froh darüber. Als Versager lag er dort. Es sei ihm nicht einmal gelungen, mit dem Leben Schluß zu machen. Er hätte ins Meer hinausschwimmen müssen. In der Betäubung, sagte er, entspreche ihm der Zustand der Bewegungslosigkeit. Er sei ganz Trägheit und wünsche sich eine Existenz, die ihn zu keiner Bewegung mehr zwinge. Das Gewicht des Körpers erdrücke die

belastenden Gedanken. Betäubt sei er taub für alles –
und nur als Tauber könne er das Leben ertragen. Langsam ziehen die Bilder dahin, die Welt wird eingegossen
in Glas. Unfähig zu sprechen sei er, verliere die Angst.
Und jetzt, fragte ich, hast du auch geschluckt?
     Er: Nur wenig, nur soviel, um alles sagen zu können.
Er verspüre manchmal das Bedürfnis, mit jemandem zu
sprechen. Über sich, die Sterbensangst. Er betrachte
diese Angst als Krankheit und die Tabletten als ein Mittel, sie zu bekämpfen.
     Er: Untauglich, ich weiß. Aber wie entkommen?
In seinem Kopf breche regelmäßig ein Chaos aus.
Schlucke er, dann erlösche alles in ihm, es sterbe ab. Als
er gegangen war, hatte ich ein schlechtes Gewissen,
obwohl ich ihm noch unter der Tür Hilfe anbot.

Aus: Silvio Blatter, *Love Me Tender;* © Suhrkamp Verlag,
Frankfurt / Main 1980

Im räumlichen Umfeld, welches mit Stühlen hergestellt werden kann (zwei zusammengestellte Stühle sind eine Bank),
lassen sich auch die Passagen in Dialogform bringen, die vom
Ich-Erzähler «gedacht» werden. Wenn beispielsweise an einer
Stelle die Rede davon ist, daß eine Amsel singe, dann kann
das dadurch ausgedrückt werden, indem man zum Fenster
geht und sagt: «Hörst du die Amsel?» Andere Stellen wieder,
die in der Textvorlage umschrieben werden, können als
Monolog gesprochen werden.
     Im Gegensatz zum ersten Beispiel, in dem die Figur des
Surina dominant erschien, sind hier die Spielanteile verteilt.
Zusätzlich muß auch noch der problematische Inhalt zum
Ausdruck kommen.
     Die Darstellung durch verschiedene Gruppen wird eine
unterschiedliche Gewichtung zeigen, über die nach dem Rollenspiel diskutiert werden kann. Eventuelle Lösungsversuche
können auch durchgespielt werden.

Die nun folgenden Begriffe wie «Schematisiertes Rollenspiel», «Freies Rollenspiel» oder «Rollenspiel als Wissensvermittlung» sind keine neuen Kategorien von Rollenspiel, sondern beziehen sich lediglich auf den Inhalt oder erklären, welchen Zweck das betreffende Rollenspiel verfolgt.

So wurde zum Beispiel der Begriff «Freies Rollenspiel» nicht deshalb so gewählt, weil damit ausgedrückt werden sollte, daß dieses Rollenspiel frei von jeglichen Regeln wäre, sondern um zu erklären, daß das Umfeld frei gewählt werden kann.

Grundsätzlich dient das Rollenspiel immer der Wissensvermittlung, wenn der Inhalt Unterrichtsstoff ist. Wo aber die Vorlage den Anspruch erhebt, pures Wissen zu vermitteln, und diese Vorlage als Rollenspiel durchgeführt wird, kann von einem «Rollenspiel als Wissensvermittlung» gesprochen werden.


## Schematisiertes Rollenspiel

In der Erzählung «Gladius Dei» von Thomas Mann, in der er die Atmosphäre Münchens um die Jahrhundertwende beschwört, werden die Schüler mit einer Form des Rollenspiels vertraut gemacht, die von ihnen gestischen Ausdruck und Phantasie verlangt. Bei dem folgenden Beispiel wird durch ein festgelegtes Schema eine Improvisation unmöglich gemacht.

Erforderlich sind zwei Stühle und zwei Bücher. Die beiden Stühle stellen das Schaufenster dar. Die Jünglinge haben die Bücher unter dem Arm.

Folgende Personen treten auf: 1 Sprecher, Hieronymus, 2 Jünglinge.

Die Textvorlage hat folgenden Wortlaut:

*Gladius Dei*
*Thomas Mann*

Hieronymus schritt die Ludwigstraße hinauf, langsam und fest, gesenkten Hauptes, inmitten des breiten, ungepflasterten Fahrdammes, entgegen der gewaltigen Loggia mit ihren Statuen. Aber auf dem Odeonsplatz angelangt, blickte er auf, so daß sich Querfalten auf seiner kantigen Stirn bildeten, und hemmte seine Schritte, aufmerksam gemacht durch die Menschenansammlung vor den Auslagen der großen Kunsthandlung, des weitläufigen Schönheitsgeschäftes von M. Blüthenzweig.

Er erreichte das erste Fenster, dasjenige, hinter dem das aufsehenerregende Bild sich befand.

Die große, rötlichbraune Photographie stand, mit äußerstem Geschmack in Altgold gerahmt, auf einer Staffelei inmitten des Fenterraumes. Es war eine Madonna, eine durchaus modern empfundene, von jeder Konvention freie Arbeit. Die Gestalt der heiligen Gebärerin war von berückender Weiblichkeit, entblößt und schön. Ihre großen, schwülen Augen waren dunkel umrändert, und ihre delikat und seltsam lächelnden Lippen standen halb geöffnet. Ihre schmalen, ein wenig nervös und krampfhaft gruppierten Finger umfaßten die Hüfte eines Kindes, eines nackten Knaben von distinguierter und fast primitiver Schlankheit, der mit ihrer Brust spielte und dabei seine Augen mit einem klugen Seitenblick auf den Beschauer gerichtet hielt.

Zwei andere Jünglinge standen neben Hieronymus und unterhielten sich über das Bild, zwei junge Männer mit Büchern unter dem Arm, die sie aus der Staatsbibliothek geholt hatten oder dorthin brachten, humanistisch gebildete Leute, beschlagen in Kunst und Wissenschaft.

«Der Kleine hat es gut, hol mich der Teufel!» sagte der eine.

«Und augenscheinlich hat er die Absicht, einen neidisch zu machen», versetzte der andere. – «Ein bedenkliches Weib!»

«Ein Weib zum Rasendwerden! Man wird ein wenig irre am Dogma von der unbefleckten Empfängnis.»

«Ja, ja, sie macht einen ziemlich berührten Eindruck. – Hast du das Original gesehen?»

«Selbstverständlich. Ich war ganz angegriffen. Sie wirkt in der Farbe noch weit aphrodisischer – besonders die Augen.»

«Die Ähnlichkeit ist eigentlich doch ausgesprochen.»

«Wieso?»

«Kennst du nicht das Modell? Er hat doch seine kleine Putzmacherin dazu benützt. Es ist beinahe Porträt, nur stark ins Gebiet des Korrupten hinaufstilisiert. – Die Kleine ist harmloser.»

«Das hoffe ich. Das Leben wäre allzu anstrengend, wenn es viele gäbe wie diese mater amata.» –

«Die Pinakothek hat es angekauft.»

«Wahrhaftig? Sieh da! Sie wußte wohl übrigens, was sie tat. Die Behandlung des Fleisches und der Linienfluß des Gewandes ist wirklich eminent.»

«Ja, ein unglaublich begabter Kerl.»

«Kennst du ihn?»

«Ein wenig. Er wird Karriere machen, das ist sicher. Er war schon zweimal beim Regenten zur Tafel.» –

Das letzte sprachen sie, während sie anfingen, von einander Abschied zu nehmen.

«Sieht man dich heute abend im Theater?» fragte der eine. «Der dramatische Verein gibt Macchiavellis Mandragola zum besten.»

«Oh, bravo. Davon kann man sich Spaß versprechen. Ich hatte vor, ins Künstlervarieté zu gehen, aber es ist wahrscheinlich, daß ich den wackeren Nicolo schließlich vorziehe. Auf Wiedersehen.» –

Sie trennten sich, traten zurück und gingen nach
rechts und links auseinander.

Aus: Thomas Mann, *Gesammelte Werke in dreizehn Bänden,* Band VIII,
© 1960, 1974, S. Fischer Verlag GmbH, Frankfurt / Main

Zur Durchführung dieses Rollenspiels wird ein freier Raum
benötigt, der die Ludwigstraße andeutet. Etwas entfernt stehen die beiden Stühle, die das Schaufenster markieren. Wenn
Hieronymus über die Straße geht, stehen die Jünglinge schon
stumm vor dem Schaufenster. Der Sprecher steht außerhalb
des Spielraumes. Hieronymus muß eigentlich nur das in die
Tat umsetzen, was der Sprecher vorliest. Der Schüler, der den
Hieronymus spielt, muß sich den Text des Sprechers genau
einprägen; er muß ihn nicht auswendig können, aber er sollte
wissen, wohin er geht und wie er sich auf dem Weg verhält.
Wenn Thomas Mann schreibt, daß sich «Querfalten auf seiner kantigen Stirn bildeten», dann genügt es für den Schüler,
wenn er dies durch das Zusammenziehen der Augenbrauen
ausdrückt.

Das Bild der Madonna wird vom Sprecher genau beschrieben, so daß wir uns eine klare Vorstellung davon machen
können. Nachdem wir nun wissen, welchen Ausdruck das
Bild hat und welchen Eindruck es möglicherweise auf die
Betrachter macht, genügt es, wenn die beiden Jünglinge ziemlich gelangweilt vor dem Schaufenster stehen und in einer läs-
sigen Art ihren Dialog sprechen, der abgelesen werden kann.
Die Menschenansammlung muß nicht dargestellt werden.


Die bisher vorgestellten Beispiele bezogen sich ausschließlich
auf das Fach Deutsch. – Das hier vorgestellte Modell ist aber
ebenso gut in folgenden Fächern oder Fachgebieten anwend-
bar: Geschichte, Technik, Konsum und Freizeit, Recht und
Staat, Religion.

Die Unterschiede bestehen in der inhaltlichen Vorlage der
einzelnen Teilgebiete. Das heißt also, daß in jedem Fach dem
Rollenspiel das Sensibilisierungstraining und die Interak-

tionsübungen vorangestellt werden müssen. Neue Formen des Rollenspiels ergeben sich dadurch nicht. Ein Rollenspiel ist immer nur dann durchführbar, wenn eine Geschichte zugrunde liegt. Wenn die Vorlage nur Informationen enthält, dann muß eine Geschichte dazu erfunden werden, und diese wiederum ist dann die Vorlage für das Rollenspiel.

Betrachten wir einmal das Fach *Geschichte*. Nur die Annahme allein, daß die Schüler von den geschichtlichen Gestalten fasziniert sind und deshalb gern eine dieser Figuren darstellen möchten, rechtfertigt noch nicht den Einsatz des Rollenspiels im Geschichtsunterricht.

Es ist vielmehr die Erfahrung mit den Handlungsweisen der geschichtlichen Gestalten, die die Schüler im Rollenspiel machen. Dadurch erhalten sie einen Einblick in geschichtliche Zusammenhänge. Sie vollziehen das nach, was die geschichtliche Aufgabe vorgibt, und indem sie sich mit den dargestellten Rollen identifizieren, erkennen sie geschichtliche Notwendigkeiten. Diese wiederum ergeben die Basis für das Verhalten der geschichtlichen Figuren. Was sie aus der Geschichte lernen sollen, wird für die Schüler einleuchtender, wenn sie es durch die eigene Darstellung nachvollziehen können.

Das Gebiet *Technik* liefert als Vorlagen Sachinformationen oder die Geschichte von Erfindern, die mit ihren Erfindungen die technische Welt verändert haben.

Neu ist für die Durchführung des Rollenspiels die Sachinformation, die keinerlei Anhaltspunkte für eine Handlung erkennen läßt. Nehmen wir einmal an, wir hätten als Vorlage eine technische Information über das Fahrrad. Nun sollen die Schüler neben den technischen Daten auch noch die Nutzanwendung, die Bedeutung und das Funktionieren des Fahrrads lernen. Hier muß eine Handlung erfunden werden, die all diese Hinweise unterbringt. Das könnte zum Beispiel ein Ausflug mit dem Fahrrad sein, wobei das Fahrrad während des Ausfluges einen Defekt erleidet. Dies wäre eine günstige

Gelegenheit, um das Fahrrad zu erklären und, da es ja nun nicht mehr benutzt werden kann, auch die Bedeutung als Beförderungsmittel herauszustellen. So lernen die Schüler die weiterführende Bedeutung des Fahrrads kennen und lösen sich von der Vorstellung, daß das Fahrrad als Beförderungsmittel eine Selbstverständlichkeit sei.

Für das Gebiet *Konsum und Freizeit* stehen in erster Linie Vorlagen zur Verfügung, die etwas über das menschliche Verhalten aussagen. Gleichzeitig ist es aber auch das Gebiet, welches uns in der Realität am meisten beschäftigt. Beispiele aus diesen Themenkreisen können also gut in Rollenspielen als Einübung in die Realität verstanden werden. Sie können das kommunikative Handeln fördern und Hilfestellungen für die Argumentation bieten, wie folgendes Beispiel zeigt:
Zwei befreundete Paare treffen sich. Das eine Paar möchte ins Kino gehen, das andere nicht. Nun möchte aber das erste Paar nur dann ins Kino gehen, wenn das zweite Paar mitgeht. Es muß also ein Kompromiß gesucht werden. Beide Paare haben Gründe für ihre Entscheidung. Welches Argument setzt sich letztlich durch? Die Lösung kann im Rollenspiel angeboten werden und bietet damit ein Verhaltensmuster für die Realität.

Gesetzestexte eignen sich für gewöhnlich nicht als Vorlage für ein Rollenspiel. Im Bereich *Recht und Staat* müssen die Themen in eine Handlung eingebaut werden. Wenn beispielsweise ein Gesetz zur Steuererhöhung geplant wird, so kann dies als Debatte gespielt werden, in der das Für und Wider ausgelotet werden kann. Dadurch lernen die Schüler einen Meinungsbildungsprozeß kennen. Sie erfahren, was es heißt, einen Standpunkt zu haben und auch in der Debatte zu vertreten.

Das Fach *Religion* bietet zwei Themenkreise als Vorlage. Einmal Beispiele aus der biblischen Geschichte und zum anderen Problemstellungen aus dem Alltag. Im Rollenspiel erkennen die Schüler die Zielsetzungen der Aufgaben. Indem sie die Anliegen als Rollenspieler verkörpern, machen sie sie zu ihren eigenen. Der Begriff «Nächstenliebe» zum Beispiel bleibt nicht nur ein gehörtes und gelesenes Wort, sondern wird im Spiel praktiziert.

Zunächst eine Vorlage aus dem Fach *Geschichte*:

*Der Landammann der Schweiz im Gespräch mit Seiner Majestät, dem Kaiser (25. April 1809)*

Napoleon war von Spanien über Paris nach Deutschland geeilt und hatte die Österreicher in drei Schlachten besiegt. Durch die Erhebung Österreichs und Tirols waren auch die Grenzen der Schweiz bedroht; eine französische Heeresabteilung hatte bei Basel bereits die schweizerische Neutralität verletzt. Reinhard wurde ins kaiserliche Hauptquartier abgeordnet, um von Napoleon Anweisungen über die Stellung der Schweiz einzuholen.

*Napoleon:* Ah, da ist ja der Landammann von Zürich! Wie geht es in der Schweiz? – Ich verlange nichts von der Schweiz. Was sollte ich auch? Etwa durch die Schweiz nach Deutschland vordringen, wo mir die Straßen durch das verbündete Bayern offenstehen? Nach Italien? Wo ich den Simplon habe und das Wallis nicht mehr Euch gehört?

Die Österreicher sind nie Ihre Freunde gewesen. Sollte ich geschlagen werden, so müßte sich die Schweiz zur Verteidigung ihres Bodens und ihrer Neutralität bewaffnen. Wie stark ist Ihr Kontingent?

*Reinhard:* 15 000 Mann.

*Napoleon:* Wäre es nicht möglich, 40 000 aufzubringen?

*Reinhard:* Soviel für den inneren Dienst und für kurze Zeit aufstellen: ja; sie bewaffnen: schwer; sie bezahlen: ganz unmöglich!

*Napoleon:* Ah! Man müßte Ihnen also zu Hilfe kommen; es ist jedoch unnötig; ich kann Ihnen diese Ausgaben ersparen. Stellen Sie einige Bataillone Tirol gegenüber auf. Wer ist Ihr General?

*Reinhard:* Wattenwyl.

*Napoleon:* Sie haben ihn also wieder bestätigt?

*Reinhard:* Die Tagsatzung hat dem Landammann Vollmacht erteilt, die schon gewählten Stabsoffiziere wieder in Tätigkeit zu berufen.

*Napoleon:* Ist man im Innern der Schweiz ganz ruhig?

*Reinhard:* Vollkommen. Allerdings kann man das nicht für jeden einzelnen gut sagen, wohl aber für die Gesamtheit.

*Napoleon:* Und die innere Verwaltung?

*Reinhard:* Alle Kantone sind der Mediation aufrichtig zugetan.

*Napoleon:* Welcher Kanton grenzt an Tirol?

*Reinhard:* Graubünden.

*Napoleon:* Die Umstände könnten es mit sich bringen, daß die Schweizer Grenzen besser abgerundet würden; vielleicht auf der Seite der unruhigen Tiroler. Vielleicht mit Lindau.

*Reinhard:* Auf jener Seite besitzt die Schweiz eine natürliche Grenze; besser wäre es bei Konstanz, nebst einer Abrundung für den Kanton Schaffhausen.

*Napoleon:* Wem würde Konstanz zufallen?

*Reinhard:* Dem Kanton Thurgau.

*Napoleon:* Was ist das für ein Kanton? Ist St. Gallen seine Hauptstadt?

*Reinhard:* Nein, Frauenfeld.

*Napoleon* (nach einer Pause): Ich habe über Ihre Neutralität nachgedacht. Ich werde sie respektieren und nichts von Ihnen verlangen. Sollte aber wieder Krieg ausbrechen und Österreich gewänne die Oberhand, so wären Sie verloren. Mir gegenüber ist Ihre Neutralität ein Wort ohne Sinn; sie kann Ihnen nur so lange dienen, als ich will. Wie wäre es, wenn ich Ihnen statt dessen

durch Vereinigung Tirols mit der Schweiz Kraft und
Halt verliehe? Eigentlich sollte ich dieses Land ein-
äschern. Es hat in seinen Sitten und Mitteln viel Ähnlichkeit mit dem Ihren und besitzt den gleichen Frei-
heitsdurst. Es würde sich mit Ihrer Verfassung gut
vertragen. Man könnte einen oder zwei Kantone daraus
machen. Für mich würde ich mir nur freie Heer- und
Etappenstraßen für die Verbindung Deutschlands mit
Italien vorbehalten. Sie würden dagegen eine neue Han-
delsstraße und Absatz für Ihre Fabriken gewinnen.
Dadurch würde die Schweiz auch wieder zu ihrer natür-
lichen Verbindung mit den deutschen Staaten gelangen.
Schon von alters her war sie mit Deutschland verknüpft;
sie hatte ihre Reichsstädte, kurz, sie würde wieder einen
Teil des Deutschen Reiches bilden, das nun ohnehin
seine alten Rechte auf die Schweiz wird geltend machen.
Für die Schweiz erblicke ich nur Vorteile in dem, was ich
hier vorschlage.
    *Reinhard:* ???


*Napoleon und Metternich*
*(Aus einer Unterredung vom 26. Juni 1813)*

*Napoleon:* Sie wollen also den Krieg, gut, Sie sollen ihn
haben. Ich habe bei Lützen die preußische Armee ver-
nichtet (Frühling 1813); ich habe die Russen bei Bautzen
geschlagen (im gleichen Frühling); auch Sie wollen an die
Reihe kommen. Es sei! In Wien geben wir uns Rendez-
vous. Die Menschen sind unverbesserlich, die Erfahrung
ist für sie verloren …
    *Metternich:* Das Schicksal von Europa, seine Zukunft
und die Ihrige, all das ruht in Ihrer Hand. Zwischen
Europa und Ihren bisherigen Zielen besteht unlöslicher
Widerspruch. Die Welt bedarf des Friedens. Um diesen
Frieden zu sichern, müssen Sie in die mit der allgemeinen

Ruhe zu vereinbarenden Machtgrenzen zurückkehren, oder aber Sie werden im Kampfe unterliegen. Heute können Sie noch Frieden schließen, morgen dürfte es zu spät sein ...

*Napoleon:* Nun gut, was will man von mir? Daß ich mich entehre? Nimmermehr! Ich werde zu sterben wissen, aber ich trete keine Handbreit Boden ab. Eure Herrscher, geboren auf dem Thron, können sich zwanzigmal schlagen lassen und doch immer wieder in ihre Residenzen zurückkehren; das kann ich nicht, ich, der Sohn des Glücks! Meine Herrschaft überdauert den Tag nicht, an dem ich aufgehört habe, stark und folglich gefürchtet zu sein.

*Metternich:* In alledem, was Eure Majestät mir soeben gesagt, sehe ich einen neuen Beweis davon, daß Eure Majestät und Europa zu keiner Verständigung kommen können. Ihre Friedensschlüsse waren immer nur Waffenstillstände. Die Mißgeschicke wie die Erfolge treiben Sie zum Krieg. Der Augenblick ist da, wo Sie und Europa sich gegenseitig den Handschuh hinwerfen. Sie werden ihn aufheben, aber nicht Europa wird es sein, welches im Kampfe unterliegt. Ich habe Ihre Soldaten gesehen, es sind Kinder. Eure Majestät haben das Gefühl, daß Sie der Nation absolut notwendig sind. Brauchen aber nicht auch Sie die Nation? Und wenn diese jugendliche Armee, die Sie heute unter die Waffen gerufen haben, dahingerafft ist, was dann?

*Napoleon* (von Zorn übermannt): Sie sind nicht Soldat und wissen nicht, was in der Seele eines Soldaten vorgeht. Ich bin im Felde aufgewachsen, und ein Mann wie ich schert sich wenig um das Leben einer Million Menschen. (Napoleon wirft seinen Hut zornig in die Ecke.)

*Metternich* (ruhig): Warum haben Sie mich gewählt, um mir zwischen vier Wänden das zu sagen, was Sie eben ausgesprochen? Öffnen wir die Türen, und mögen Ihre Worte von einem Ende Frankreichs bis zum andern ertönen! Nicht die Sache, die ich vor Ihnen vertrete, wird dabei verlieren.

*Napoleon* (wieder ruhig): Die Franzosen können sich nicht über mich beklagen. Um sie zu schonen, habe ich die Deutschen und die Polen geopfert. Ich habe in dem Feldzug von Moskau dreimalhunderttausend Mann verloren, es waren nicht mehr als dreißigtausend Franzosen darunter.

*Metternich* (empört): Sie vergessen, Sire, daß Sie zu einem Deutschen sprechen.

Aus: *Weltgeschichte im Bild 8;* NW-Kommission für Geschichtsunterricht und Kantonaler Lehrmittelverlag, Solothurn 1978

Die beiden Gespräche Napoleons sollten miteinander verglichen werden, und das Wichtigste daraus kann in einem Rollenspiel aufgeführt werden. Die Vorlage ist einfach zu realisieren. Formal handelt es sich um einen Dialog, der sitzend oder stehend vorgetragen werden kann. Requisiten sind nicht erforderlich. Es ist auch unerheblich, ob beide Gespräche in voller Länge oder gekürzt gespielt werden.

## Rollenspiel als Wissensvermittlung

Ein Beispiel für das Gebiet *Technik.* Auch ein Text, der aus reiner Information besteht, kann als Rollenspiel versucht werden. Handlung und Dialog müssen frei erfunden werden.

*Taschenuhr*

Das Ende des Mittelalters brachte nicht nur die so wichtige Erfindung des Buchdrucks, im gleichen Zeitraum wurden auch andere Erfindungen gemacht, die uns Menschen des 20. Jahrhunderts schon längst ganz selbstverständlich geworden sind.

Um 1500 konstruierte der Nürnberger Peter Henlein die erste Taschenuhr, die in einer lateinischen Beschreibung Deutschlands aus jener Zeit folgendermaßen beschrieben wird:

*«Aus Eisen machte er (Henlein) kleine Uhren, die beliebig umgedreht werden können, mit vielen Rädern angeordnet, die kein Zuggewicht haben, 40 Stunden lang anzeigen und im Busen oder im Geldbeutel getragen werden können.»*

Die Zeitmessung war schon den Babyloniern bekannt; sie hatten die Zwölf-Stunden-Einteilung eingeführt. Seit alters her gebrauchte man für die Zeitmessung auch die Sanduhr, die im heutigen Haushalt vielleicht noch hier und dort als Eieruhr beim Eierkochen verwendet wird. Auch der Gebrauch von Wasseruhren – sie waren nach dem ähnlichen Prinzip gebaut wie die Sanduhren – ist schon in sehr früher Zeit nachweisbar, für China bereits im 3. Jahrhundert vor Christus. Neben Sand- und Wasseruhren gehören die auch heute noch oft als Schmuck angebrachten Sonnenuhren zu den ältesten Zeitmeßinstrumenten. Um 1450 wurde dann in Nürnberg die Gewichtsuhr erfunden, wie wir sie heute noch als Kuckucksuhr kennen. Doch all die genannten Geräte waren entweder groß und unhandlich, oder sie forderten ständige Beobachtung oder waren von der Witterung abhängig. Für Reisen über Land und Meer kamen sie kaum in Frage – da benötigte man ein kleines, tragbares und jederzeit verwendbares Instrument. Peter Henlein, von Beruf Schlosser, gelang es, mit einer Uhr in Dosenform die erste brauchbare Taschenuhr zu entwickkeln.

Aus: *Weltgeschichte im Bild 7;* NW-Kommission für Geschichtsunterricht und Kantonaler Lehrmittelverlag, Solothurn 1978

Hier können sich verschiedenartige Rollenspiele ergeben. Zwei Möglichkeiten sollen hier herausgegriffen werden. Es könnte die Information über die Mechanik der Uhr im Mittelpunkt stehen oder die Frage, wie man sich im Alltag ohne Uhr behelfen würde.

Im ersten Fall muß zunächst eine Situation geschaffen werden, die die Wiedergabe von Informationen ermöglicht. Dann muß ein Anlaß gefunden werden.

Zwei Schüler könnten sich treffen, wovon der eine dem anderen erzählt, daß er eine Arbeit über die Uhr zu schreiben habe, aber fast nichts darüber wisse. Der andere könnte ihm dann die nötigen Informationen geben.

Dies wäre ein Anlaß, aber noch keine Situation. Sie könnte aber entstehen, wenn beide sich zu gemeinsamen Schulaufgaben getroffen hätten.

Eine andere Ausgangssituation wäre vielleicht, wenn zwei Fremde in einem Café sässen und jemand eine wertvolle Taschenuhr herausziehen würde, um die Zeit abzulesen. Dabei könnte sich ein Gespräch über die Entstehung der Uhr entwickeln.

Da es sich um sachbezogene Dialoge handelt, ist es ratsam, sich über den Gegenstand genau zu informieren.

Die mit dem Rollenspiel in Verbindung zu bringenden Aufgaben könnten lauten:

1. Eine Person wartet an einer Bushaltestelle und hat einen Termin, der nicht verpaßt werden darf. Der Bus hat Verspätung und die betreffende Person hat keine Uhr bei sich. – Was macht sie? Fragt sie einen anderen Passanten nach der Uhrzeit? Nimmt sie ein Taxi? (Hier können noch Hindernisse eingebaut werden. Zum Beispiel: Der angesprochene Passant hat auch keine Uhr und ein Taxi ist auch nicht in Sicht.)

2. Geht die betreffende Person in ein Uhrengeschäft, kauft sich eine Uhr und läßt sich dabei über die Mechanik und über den neuesten Stand der Uhrenindustrie informieren? Geniert sie sich einem Fachmann gegenüber? Wie bekommt sie sonst ihre Informationen?

Was hier mit *Situation* umschrieben wurde, bezeichnet den Raum und die handelnden Personen, die vor Beginn des Rollenspieles erfunden werden müssen.

Die folgende Vorlage aus dem Bereich *Konsum und Freizeit* ist ein Rollenspiel mit besonderer Aufgabenstellung. Sie eignet sich auch gut dazu, improvisierte Dialoge einzuüben. Alle wichtigen Angaben sind im Text enthalten.

## Enthüllungen über den Müll

Der Mülleimer des Hauses, in dem Pako und Ina wohnen, ist schon zwei Tage vor der Müllabfuhr überfüllt. Nach ihrem Einkauf steckt Mutter die leeren Hüllen in einen Müllsack. Sie jammert:

*Mutter:* Vor 10 Jahren war immer noch Platz in der Mülltonne. Und da haben wir doch auch nicht schlechter gelebt als jetzt.

Heute wissen wir nicht mehr, wohin mit all den leeren Kartons, Dosen, Flaschen, Tüten, Schachteln, Bechern, Folien und was es noch alles gibt.

*Ina:* Dann müssen wir eben weniger einkaufen. Wenn die Mülltonne voll ist, müssen wir eben fasten.

*Mutter:* So? Und was ist mit dem Joghurt, den ihr jeden Abend eßt? An den Wasserhahn geht ihr doch auch nicht mehr, wenn ihr Durst habt. Ihr wißt doch selbst, wie schnell so eine Flasche leer ist. Aber von mir aus.

*Pako:* Na, die paar Flaschen und Becher machen's doch nicht. Deine Riesenkartons von den Waschmitteln nehmen viel mehr Platz weg. – Überhaupt, der Vorschlag von Ina ist blöd. Ich meine, wir brauchen eine zweite Mülltonne.

Das Gespräch geht noch weiter. Wer kommt mit seiner Meinung durch? Spielt das Gespräch mit verteilten

Rollen nach und sucht eine Lösung, die von den meisten gut gefunden wird.

Aus: *Verpackung und Umwelt*; Otto Maier Verlag, Ravensburg 1980

Wie aus einem Gesetzestext eine Spielvorlage werden kann, zeigt das Beispiel aus dem Bereich *Recht und Staat.* Allerdings sollte vor Beginn des Rollenspiels ein Meinungsbildungsprozeß stattfinden, wobei ein einfacher und aktueller politischer Gegenstand zu analysieren ist und rational und politisch begründbare Meinungen formuliert werden sollen.

## Bilden Sie sich eine eigene Meinung!

Als Stimmbürger werden Sie oft zu Problemen eine eigene Meinung haben müssen, zu denen in der Öffentlichkeit sehr unterschiedliche Ansichten geäußert werden.

Wie bilde ich mir eine eigene Meinung? Wir wollen versuchen, zur Frage der strafrechtlichen Regelung der Schwangerschaftsunterbrechung zu einer eigenen, begründbaren Meinung zu kommen.

Man darf davon ausgehen, daß auch heute der überwiegende Teil der Bevölkerung die Abtreibung als unerfreulichen und wenn immer möglich zu vermeidenden Eingriff betrachtet, der die Tötung eines ungeborenen menschlichen Lebens bedeutet. Sehr unterschiedliche Auffassungen bestehen hingegen darüber, was im Strafgesetzbuch dagegen vorzukehren sei, d.h. wie der Staat das Leben der Ungeborenen schützen soll.

Bis jetzt standen im StGB darüber folgende Artikel:

### Art. 118

1. Treibt eine Schwangere ihre Frucht ab oder läßt sie ihre Frucht abtreiben, so wird sie mit Gefängnis bestraft.
2. Die Verjährung tritt in zwei Jahren ein.

123

**Art. 119**

1. Wer einer Schwangeren mit ihrer Einwilligung die Frucht abtreibt, wer einer Schwangeren zu der Abtreibung Hilfe leistet, wird mit Zuchthaus bis zu fünf Jahren oder mit Gefängnis bestraft. Die Verjährung tritt in zwei Jahren ein.

2. Wer einer Schwangeren ohne Einwilligung die Frucht abtreibt, wird mit Zuchthaus bis zu zehn Jahren bestraft.

3. Die Strafe ist Zuchthaus nicht unter drei Jahren: wenn der Täter das Abtreiben gewerbsmäßig betreibt; wenn die Schwangere an den Folgen der Abtreibung stirbt und der Täter dies voraussehen konnte.

**Art. 120**

1. Eine Abtreibung im Sinne dieses Gesetzes liegt nicht vor, wenn die Schwangerschaft mit schriftlicher Zustimmung der Schwangeren infolge von Handlungen unterbrochen wird, die ein patentierter Arzt nach Einholung eines Gutachtens eines zweiten patentierten Arztes vorgenommen hat, um eine nicht anders abwendbare Lebensgefahr oder große Gefahr dauernden schweren Schadens an der Gesundheit von der Schwangeren abzuwenden.

   Das in Abs. 1 verlangte Gutachten muß von einem für den Zustand der Schwangeren sachverständigen Facharzt erstattet werden, der von der zuständigen Behörde des Kantons, in dem die Schwangere ihren Wohnsitz hat oder in dem der Eingriff erfolgen soll, allgemein oder von Fall zu Fall ermächtigt ist.

   Ist die Schwangere nicht urteilsfähig, so ist die schriftliche Zustimmung ihres gesetzlichen Vertreters erforderlich.

2. Die Bestimmungen über den Notstand (Art. 34, Ziff. 2) bleiben vorbehalten, soweit eine unmittelbare, nicht anders abwendbare Lebensgefahr oder große

Gefahr dauernden schweren Schadens an der Gesundheit der Schwangeren besteht und die Unterbrechung der Schwangerschaft durch einen patentierten Arzt vorgenommen wird.

Der Arzt hat in solchen Fällen innert 24 Stunden nach dem Eingriff Anzeige an die zuständige Behörde des Kantons, in dem der Eingriff erfolgte, zu erstatten.

3. In den Fällen, in denen die Unterbrechung der Schwangerschaft wegen einer andern schweren Notlage der Schwangeren erfolgt, kann der Richter die Strafe nach freiem Ermessen mildern (Art. 66).

4. Art. 32 findet nicht Anwendung.

*Art. 121*

Der Arzt, der bei einer von ihm gemäß Art. 120, Ziff. 2, vorgenommenen Unterbrechung der Schwangerschaft die vorgeschriebene Anzeige an die zuständige Behörde unterläßt, wird mit Haft oder mit Buße bestraft.

*Art. 34*

1. ...

2. Die Tat, die jemand begeht, um das Gut eines andern, namentlich Leben, Leib, Freiheit, Ehre, Vermögen, aus einer unmittelbaren, nicht anders abwendbaren Gefahr zu erretten, ist straflos. Konnte der Täter erkennen, daß dem Gefährdeten die Preisgabe des gefährdeten Gutes zuzumuten war, so mildert der Richter die Strafe nach freiem Ermessen (Art. 66).

Diese gesetzliche Regelung befriedigt viele Leute nicht mehr. Die einen machen darauf aufmerksam, daß die Bestimmungen leider viele illegale Abtreibungen mit zum Teil tödlichem Ausgang für die Schwangere nicht haben verhindern können.

Andere wiederum bedauern, daß etliche Kantone den Artikel 120 so großzügig auslegen, daß von einem

Schutz des Ungeborenen überhaupt keine Rede mehr sein kann.
Was tun?
Wir können hier nicht alle von Stimmbürgern und Behörden erwogenen Lösungen diskutieren, sondern beschränken uns darauf, vier unterschiedliche Auffassungen zu erwähnen:

*Auffassung A*
Das Leben der Ungeborenen muß unter allen Umständen geschützt sein. Dieses Ziel ist praktisch in jedem Einzelfall zu erreichen, mag es am Anfang noch so hoffnungslos aussehen. Kindsvater, Arzt, Verwandtschaft und Gesellschaft müssen aber der Schwangeren und dem Kind die nötige Unterstützung leisten. Es wäre falsch, die jetzige Regelung durch eine noch liberalere zu ersetzen. Vielmehr müßte dafür gesorgt werden, daß Artikel 120 nicht weiter und noch mehr durchlöchert wird.

*Auffassung B*
Die Schwangerschaftsunterbrechung soll grundsätzlich verboten bleiben und nur in folgenden Ausnahmefällen straffrei sein:
● bei gesundheitlicher Beeinträchtigung der Mutter (medizinische Indikation)
● bei Schädigung des Kindes (eugenische Indikation)
● nach Vergewaltigungen (juristische Indikation)
Die Anhänger dieser Auffassung schlagen die sogenannte «enge Indikationenlösung» vor.

*Auffassung C*
Die «enge Indikationenlösung» soll so erweitert werden, daß Straffreiheit auch dann zugebilligt wird, wenn die Schwangere durch das Kind in eine schwere soziale Notlage geraten würde.
(Sogenannte «weite Indikationenlösung)».

126

*Auffassung D*
Der Schwangerschaftsabbruch soll straffrei sein, wenn er innert 12 Wochen nach Beginn der letzten Periode von einem Arzt und mit schriftlicher Einwilligung der Schwangeren vorgenommen wird. Nachher sollen nur noch besondere Gründe (siehe Indikationenlösung) eine Abtreibung erlauben (sogenannte «Fristenlösung»).

*Aufgabe:*
Notieren Sie sich stichwortartig auf einem separaten Blatt Argumente für und wider die Auffassungen A–D, wägen Sie sie ab und formulieren Sie Ihre eigene Meinung!

Aus: *Staatskunde in Arbeitsblättern;* Sauerländer, Aarau 1977

Die Hintergrundinformationen und ein erfolgreich abgeschlossener Meinungsbildungsprozeß sind wesentliche Bestandteile dieses Rollenspiels. Wenn die Rollenspieler sich eine gewisse Sachkompetenz angeeignet haben, können sie eigene Standpunkte vortragen.

Hier soll demonstriert werden, daß es auch möglich ist, ein Rollenspiel ohne Inhalt, Dialog und Handlungsrahmen, nur aufgrund von Fakten, durchzuführen.

Nach Beendigung des Vorstadiums muß eine adäquate Situation geschaffen werden, das heißt: ein Umfeld, in dem der Gegenstand verhandelt werden kann.

Da bietet sich eine Podiumsdiskussion an oder die Durchführung eines Wahlkampfes, bei dem verschiedene Parteivertreter mit unterschiedlicher Argumentation durch Wahlreden versuchen müßten, Mehrheiten für sich zu gewinnen. Um die Atmosphäre aufzulockern, kann zum Schluß eine Abstimmung stattfinden, bei der der Wahlsieger ermittelt wird.

So werden die argumentativen und rhetorischen Fähigkeiten geschult.

Damit möglichst viele Schüler beteiligt sind, könnte auch eine Reportage über das Thema gemacht werden. Durch Interviews mit betroffenen Frauen würde die Thematik transparenter gemacht. Die hier vorgeschlagenen Beispiele können beliebig erweitert, diskutiert und auf ihre Spielbarkeit hin geprüft werden.

Im *Religionsunterricht* ist es schon lange üblich, Rollenspiele einzusetzen. Deshalb sollen hier Texte vorgestellt werden, die unter «freies Rollenspiel» einzuordnen sind.

## Freies Rollenspiel

Ein Schüler soll einen Priester darstellen, der einen Krankenbesuch macht. Es werden 4 Personen benötigt. Das Krankenbett läßt sich nach bekanntem Muster herstellen.

Statt eines simulierten Dialoges soll hier in schematisierter Form ein Handlungsgerüst vorgestellt werden:

Priester spricht *außerhalb* des Krankenzimmers mit der Krankenschwester (Spital)/ Bezugsperson des Erkrankten (zu Hause) im Dialog mit dem Priester über die Krankheit/ Priester betritt Krankenzimmer (Spital)/ Kranker freut sich über den Besuch/ Dialog (trostspendende Worte des Priesters)/ Kranker berichtet über seinen Gesundheitszustand/ Priester betet gemeinsam mit dem Kranken/ Priester verabschiedet sich und verläßt das Krankenzimmer.

Die thematische Behandlung dieses Rollenspieles sollte vorher festgelegt werden.

*Ein Beispiel aus dem Schulalltag*
Die Vorlage bietet eine neue Möglichkeit der szenischen Umsetzung.

Marlene hatte in der ersten Klasse ihren Vater verloren. Er starb an den Folgen eines Autounfalls. Seit diesem Tag war es ganz anders zu Hause. Morgens früh ging die

Mutter zur Arbeit. Marlene mußte allein frühstücken und die Küche in Ordnung bringen. Deshalb erschien sie oft zu spät in der Schule und die Schüler mieden sie. Sie stinke, sagten sie.

Sie lachten sie auch aus, weil sie dem Lehrer falsche Antworten gab und die Aufgaben nicht richtig machte. Das Mittagessen nahm sie in einer Kinderkrippe ein. Sie dachte dabei oft an die Zeit, als sie mit Vater und Mutter zu Hause essen konnte. Nach der Schule mußte sie meistens Kommissionen machen. Dann verrichtete sie die Schulaufgaben. Die Mutter konnte ihr nicht helfen, wenn sie etwas nicht verstanden hatte, denn sie kam spät nach Hause, war müde und gereizt. Der Abend war langweilig. Marlene verbrachte ihn deshalb vor dem Fernsehapparat. Früher war es lustiger. Da kam der Vater nach Hause und erzählte von seinen Erlebnissen und spielte mit Marlene.

Eines Tages weinte Marlene, als sie der Mutter einen Brief des Lehrers überreichte. Sie wußte, was darin stand. Die Mutter legte ihn stillschweigend zur Seite. Auch sie litt wohl unter dem, was sie gelesen hatte. Die Mitschüler wußten bald, was der Brief enthielt. Denn sie quälten Marlene so lange, bis sie zugab, daß sie wohl die dritte Klasse wiederholen mußte.

Es gab nur ein Mädchen in der Klasse, das Marlene nicht auslachte. Sie hieß Charlotte. Es war ihre Freundin. Und weil sie nicht wollte, daß Marlene sitzen bleiben mußte, half sie ihr bei den Aufgaben und verbrachte viele freie Stunden mit ihr. Marlene konnte ihr alle Sorgen anvertrauen, denn sie war eine gute Freundin. Und je mehr sie Freundinnen waren, umso leichter war es Marlene zumute.

*Marlene* aus: *Freunde nenne ich euch;* Rex Verlag, Luzern 8. Auflage 1987

Um einen schnellen Wechsel der Schauplätze zu erreichen, sollte simultan gespielt werden. Ein kompliziertes Umbauen vom Elternhaus zur Schule und umgekehrt könnte die Aussagekraft beeinträchtigen. Es werden also beide Spielebenen nebeneinander aufgebaut, womit erreicht wird, daß die Handlung ohne Unterbrechung dargestellt werden kann. Mit Stühlen und Tischen werden die Räume eingerichtet, wobei man im Klassenzimmer auf die Tische verzichten kann. Zum Spiel werden folgende Personen benötigt: Marlene, Charlotte, Mutter, Lehrer, mehrere Mitschüler und Mitschülerinnen.

Da diese Simultan-Situation bisher noch nicht vorgestellt wurde, soll eine detaillierte Beschreibung des szenischen Ablaufs mit einem simulierten Dialog folgen:

Marlene und Mutter sitzen gemeinsam am Tisch und frühstücken. Die Mutter springt plötzlich auf.

*Mutter:* So, du weißt ja Bescheid, ich muß zur Arbeit. Räum hier noch auf und abstauben kannst du auch mal wieder.
*Marlene:* Ja. (Mutter geht hastig fort)
  Ach ewig dieses allein frühstücken, das hängt mir schon zum Hals heraus. Und dann ewig aufräumen. – Als mein Vater noch lebte, da war alles anders. (Marlene schaut auf ihre Uhr) Oh, es wird Zeit. Ich komme schon wieder zu spät zur Schule. Abstauben kann ich jetzt nicht mehr.

Während Marlene sagt: «Oh, es wird Zeit … », müssen die Schüler in der Schule sein, der Lehrer vor der Klasse stehen und gerade damit beschäftigt sein, Unterlagen zu sortieren. (Hier entsteht eine simultan gespielte Handlung, denn während der Unterricht beginnt, wenn auch nur pantomimisch, läuft die Handlung im Elternhaus weiter.)

Nachdem Marlene ihren letzten Satz gesagt hat, sucht sie ihre Schulsachen zusammen.

In der Schule liest der Lehrer etwas aus einem Buch vor. Marlene verläßt das Elternhaus und geht sofort ins Klassenzimmer. Dabei schleicht sie sich unauffällig auf ihren Platz.

Andere Schüler flüstern leise, dann stärker und schließlich fragt der Lehrer nach dem Grund.

*Schülerin:* Wir haben uns darüber unterhalten, warum die Marlene immer zu spät kommt.
*Schüler:* Außerdem stinkt sie. (die Klasse lacht)
*Schülerin:* Vielleicht haben die zu Hause keine Seife.
*Lehrer:* Also ich möchte jetzt mit dem Unterricht weitermachen. (Pause)
Wir haben in der vorigen Stunde deutsche Klassiker durchgenommen. Heute habe ich euch eine Erzählung von Heinrich von Kleist vorgelesen. (Pause)
Jetzt möchte ich feststellen, was ihr behalten habt. In der vorigen Stunde haben wir über den «Faust» gesprochen. Wer hat ihn geschrieben? Marlene weißt du es?
*Marlene:* Ich glaube Schiller. (die Klasse lacht)
*Lehrer:* Charlotte?
*Charlotte:* Goethe.
*Lehrer:* Richtig. (Pause) Marlene, wenn das mit dir so weitergeht, dann sehe ich für die nächste Versetzung sehr schwarz. (Marlene weint)
*Lehrer:* So, das wärs für heute. Seht euch für die nächste Stunde «Die Räuber» von Schiller an.

Die Schüler und der Lehrer verlassen das Klassenzimmer. In einer neutralen Zone zwischen Elternhaus und Klassenzimmer treffen sich Charlotte und Marlene.

*Charlotte:* Hast du das vorhin wirklich nicht gewußt?
*Marlene:* Ich wußte es nicht. Keine Ahnung.
*Charlotte:* Wo gehst du denn jetzt hin?
*Marlene:* In die Kinderkrippe und dann muß ich Kommissionen machen.
*Charlotte:* Wann machst du denn deine Schulaufgaben?
*Marlene:* Ach meistens abends. Weißt du als mein Vater noch lebte, da habe ich zu Hause gegessen, und dann ging es immer lustig zu.

*Charlotte:* Ich geh jetzt. Machs gut.
*Marlene:* Tschüs. (sie gehen in verschiedene Richtungen ab)

Da im Dialog bereits erwähnt wurde, was Marlene nach der Schule macht, muß dies nicht unbedingt gespielt werden.

Die nächste Szene ist im Elternhaus. Marlene sitzt am Tisch und macht Schulaufgaben. Es ist Abend. Die Mutter kommt herein.

*Mutter:* Was ist denn mir dir los? Sitzt da am Tisch herum. Warum hast du nicht abgestaubt?
*Marlene:* Ich muß Schulaufgaben machen.
*Mutter:* Du und deine Schulaufgaben. Später hast du alles vergessen und es nützt dir doch nichts.
*Marlene:* Und was ist, wenn ich sitzen bleibe?
*Mutter:* Du bist ja nicht dumm, dann bleibst du auch nicht sitzen.
*Marlene:* Du kannst mir gleich mal helfen. Hier (zeigt auf eine Stelle im Buch) diese Stelle verstehe ich nicht.
*Mutter:* Das kann ich nicht und will ich nicht. Laß mich in Ruhe.
(Während des Dialoges hat die Mutter in ihrer Tasche etwas gesucht, was sie jetzt gefunden hat. Ein Kreuzworträtsel. Sie setzt sich an den Tisch und löst es.)
*Marlene:* Ich hab keine Lust mehr. Ich guck jetzt Fernsehen.
(Marlene setzt sich so, daß man annehmen könnte, daß vor ihr der Fernseher steht, während die Mutter das Kreuzworträtsel weiter löst.) Früher war alles viel lustiger, als Vater nach Hause kam und erzählte, was er alles erlebt hatte und mit mir spielte. (Mutter klappt energisch das Rätselheft zu.)
*Mutter:* Gute Nacht. (sie geht ab)

Nach einer kurzen Pause wird die nächste Szene gespielt. Das Zimmer wird wieder hergerichtet.

*Mutter:* (sitzt am Tisch und trinkt Kaffee)
*Marlene:* (kommt weinend herein)
*Mutter:* Ja, Kind, was ist denn passiert? Warum weinst du?
*Marlene:* Hier ein Brief für dich. (sie gibt ihr den Brief)
*Mutter:* (sieht den Absender) Ach, vom Lehrer. (liest den Brief) Versetzung gefährdet. (steckt den Brief ins Kuvert)

Alle Schüler treffen sich in der neutralen Zone. In der Mitte steht Marlene und wird von den übrigen Schülern gehänselt. «Bist du sitzen geblieben?» «Warum hast du denn nie deine Schulaufgaben gemacht?» «Warum kommst du immer zu spät?» «Im Unterricht paßt du ja auch nie auf», so oder so ähnliche Sätze könnten fallen.

*Marlene:* Laßt mich in Ruhe. Ja, ich muß die Klasse wiederholen. (Marlene weint)
(Charlotte stellt sich neben Marlene)
*Charlotte:* Laßt sie in Ruhe. (sie nimmt Marlene in den Arm) Verschwindet, aber sofort. Ihr seid auch nicht besser. Soll ich dem Lehrer sagen, wer von wem abschreibt? Also? Macht daß ihr wegkommt.
(Die Schüler ziehen sich wortlos zurück, bis auf Charlotte und Marlene, die zurückbleiben.)
*Marlene:* Warum hast du das getan?
*Charlotte:* Weil ich deine Freundin bin.
*Marlene:* Aber was machen wir jetzt?
*Charlotte:* Weißt du was? Ich werde dir in Zukunft bei den Schulaufgaben helfen. Ich will nämlich nicht, daß du sitzen bleibst.
*Marlene:* Dann kannst du ja gleich morgen zu mir kommen. Meine Mutter ist sowieso nie zu Hause.
*Charlotte:* Gut, abgemacht.
*Marlene:* Charlotte, ich freue mich schon riesig darauf. Du bist wirklich lieb. Und ich glaube, daß wir noch ganz dicke Freundinnen werden.

Diese kurze szenische Darstellung sollte zeigen, wie eine

Handlung mit schnell wechselnden Schauplätzen und Stimmungen auch auf engstem Raum gespielt werden kann.

*Historie als Spielvorlage*
Der folgende Text ist nach bewährtem Muster spielbar, wobei der Schluß noch dialogisiert werden sollte.

*Jesus schenkt Brot*
*Jesus hat vielen tausend*
*Menschen Brot gegeben.*
*Er wollte nicht, daß sie*
*Hunger leiden.*

Als nun Jesus die Augen erhob und sah, daß viel Volk zu ihm kam, sprach er zu Philippus: «Woher werden wir Brote kaufen, damit diese zu essen haben?»
Er sagte dies, um ihn auf die Probe zu stellen; denn er wußte, was er tun wollte.
Philippus antwortete ihm: «Brote für zweihundert Denare reichen nicht für sie, daß jeder nur ein Stücklein bekommt.» Da sagte zu ihm einer von seinen Jüngern, Andreas, der Bruder des Simon Petrus: «Es ist ein Knabe hier, der hat fünf Gerstenbrote und zwei Fische; allein, was ist das für so viele?» Jesus aber sprach: «Laßt die Leute sich lagern!» Es war viel Gras an dem Orte. Es lagerten sich nun die Männer, etwa fünftausend an der Zahl. Und Jesus nahm die Brote, sprach das Dankgebet und verteilte sie an die Lagernden, ebenso auch von den Fischen, so viel sie wollten.
Als sie sich gesättigt hatten, spach er zu seinen Jüngern: «Sammelt, was übrig blieb von den abgebrochenen Stücken, damit nichts zugrunde gehe!» Sie sammelten und füllten zwölf Körbe mit Resten von den fünf Gerstenbroten, die von den Essenden übriggeblieben waren.

*Jesus schenkt Brot* aus: *Freunde nenne ich euch*; Rex Verlag, Luzern 8. Auflage 1987

Die Erzählidee «Die Frommen von Hebron wollen vom Tempel Salomos nichts wissen» kann nach dem Verfahren Kurz-Krimi, welches bereits vorgestellt wurde, gespielt werden.

Vorher müßte lediglich entschieden werden, ob die Geschichte als Spielvorlage oder als Hintergrundinformation dienen soll.

*Walter Neidhart*
*Die Frommen von Hebron wollen vom Tempel*
*Salomos nichts wissen*
*Zu Gen 14*

*Vorbemerkungen:*
Gen 14 gibt den wissenschaftlichen Auslegern manches Rätsel auf: Warum tritt hier Abraham, der in allen übrigen Geschichten als friedlicher Halbnomade erscheint, als Kriegsheld auf? Warum hat er genau 318 Knechte u.a.m.? Das Kapitel läßt sich keiner der bekannten Quellen der Mose-Überlieferung zuordnen. Es enthält einige Namen und Angaben, die Erinnerungen an Verhältnisse in Jerusalem vor der Einwanderung Israels sein könnten. Vieles an diesem Kapitel gleicht jedoch Erzählformen der spät-alttestamentlichen Zeit. Da die Könige von Jerusalem zugleich hohepriesterliche Funktionen ausübten und sich dabei auf einen vorisraelitischen König Melchisedek beriefen (Ps 110,4), vermutet man, daß die Erzählung mit den Konflikten zusammenhängt, die unter Salomo durch den Tempelbau entstanden. An diese Hypothese knüpft die Erzählidee an.

Das Grab Abrahams in Hebron ist übrigens noch heute Wallfahrtsort für Juden, Mohammedaner und Christen.

Im vierten Jahr der Regierung Salomos, im April, hatte man mit dem Tempelbau begonnen. Sieben Jahre wurde daran gebaut. Im elften Jahr der Regierung wurde der

Bau vollendet. Die Boten des Königs zogen aus in die Städte und Dörfer des Landes und riefen die Männer zusammen, um sie zum großen Einweihungsfest nach Jerusalem einzuladen. Die Boten kamen nach Bethel und nach Rama, nach Mizpa und nach Bethlehem. Überall freute man sich über die Einladung und rüstete sich zum Fest.

Die Boten kamen auch nach Hebron, der alten Stadt. Vor ihren Mauern hatte Abraham 700 Jahre vor Salomo sein Zelt aufgeschlagen. Die Bürger von Hebron waren noch jetzt stolz auf ihren Stammvater Abraham. An den Festtagen zogen sie zum Gottesdienst vor die Stadt hinaus zu jener Höhle, in der Abraham und seine Frau Sara begraben waren.

Die Boten Salomos versammelten die Männer von Hebron vor dem Stadttor. Es waren 318 rechtsfähige Bürger. Die Boten brachten ihre Einladung vor. Aber die Gesichter der Zuhörer wurden finster. Die Boten spürten, wie der Zorn in ihnen hochstieg.

Als sie geendet hatten, brach ein Proteststurm los. Viele Männer hoben die geballte Faust. «Wir wollen nichts vom Tempel in Jerusalem wissen. Wir haben das Grab Abrahams zum Beten und Opfern.»

Als die Boten versuchten, mit den Ältesten und ihrem Sprecher zu verhandeln und sie zur Vernunft zu mahnen, stießen sie erst recht auf Ablehnung. «Abraham ist der Vater des Glaubens. Ihn hat Gott vor 700 Jahren im Zweistromland berufen und hierher geführt. Hier ist der heilige Ort, an dem wir Gott verehren sollen.»

Die Boten wandten ein: «Aber Salomo hat den Tempel genau an dem Ort gebaut, an dem der Engel des Herrn seinem frommen Vater David erschienen ist.»

Aber das machte auf die Ältesten keinen Eindruck. Ihr Sprecher antwortete: «Was ist David gegen Abraham? Abraham lebte mit Gott, David war ein Ehebrecher. Abraham hat Gott allein vertraut, David hat sich auch auf seine Waffen und seine Soldaten verlassen. Abraham war ein Mann des Friedens. David hat viel Blut vergossen.»

Die Boten wollten etwas erwidern. Aber die Männer von Hebron hoben Steine auf. Die Boten mußten sich schleunigst zurückziehen. Sonst wäre es zum Blutvergießen gekommen.

Die Männer von Hebron standen noch lange zusammen und sprachen: «Nie werden wir nach Jerusalem in den Tempel gehen und Gott dort anbeten.»

Einer von ihnen hatte ein Gerücht gehört: «Der König wird nach der Einweihung ein Gesetz erlassen, nach welchem jedermann in Israel und Juda jährlich eine Steuer bezahlen muß. Die Steuer beträgt einen Zehntel von allem, was man erntet und einnimmt.»

Als sie das hörten, wurde ihr Zorn gegen Salomo noch heftiger. Sie waren entschlossen, den Tempel in Jerusalem nie zu betreten.

Die Boten berichteten in Jerusalem dem Oberpriester Zadok, wie es ihnen in Hebron ergangen war.

Der überlegte sich, was zu tun sei. Mit Polizeigewalt konnte er den Zorn der Männer von Hebron nicht überwinden. Vielleicht war es möglich, sie durch eine Geschichte von Abraham zu versöhnen und für den neuen Tempel zu gewinnen.

Er übertrug die Aufgabe einem jungen gelehrten Priester. Dieser mußte in der Bibliothek von Jerusalem eine Geschichte über Abraham suchen, welche die Leute von Hebron noch nicht kannten, eine Geschichte, die zur jetzigen Lage paßte.

Der Gelehrte vertiefte sich in die vielen Tontäfelchen, die in Jerusalem aus früheren Jahrhunderten aufbewahrt wurden. Er fand schließlich die Nachricht über einen berühmten König Melchisedek, der zur Zeit Abrahams in Jerusalem König und Priester war. Melchisedek wurde als König des Friedens gerühmt. Es hieß von ihm, er habe den höchsten Gott des Himmels und der Erde verehrt.

Paßte das nicht zu Abraham? Dann entdeckte der Priester eine andere Nachricht von vier Königen aus dem Osten, die zur Zeit Abrahams mit Rauben und Plündern durch das Land Kanaan zogen. Es hieß, daß sie große Beute gemacht hätten, Korn, Früchte, Schmuckstücke, Tiere und auch Menschen. Aber eine Nomadensippe überfiel die Könige während der Nacht und nahm ihnen die ganze Beute wieder ab. So war in den Tontäfelchen zu lesen. Der Name dieser Sippe wurde nicht genannt.

Dem gelehrten Priester kam der Gedanke, daß der Anführer dieser Nomaden Abraham gewesen sein könnte. So schrieb er denn folgende Geschichte auf, mit der er die Männer von Hebron versöhnen und für den Tempel in Jerusalem gewinnen wollte:

*Gen 14 in situationsgemäßer Formulierung erzählen.*

Was meint ihr, haben sich die Leute von Hebron von dieser Geschichte überzeugen lassen?

Aus: *Erzählbuch zur Bibel, Theorie und Beispiele,* Hrsg. Walter Neidhart u. Hans Eggenberger; Benziger Verlag, Zürich 1975

Da es sich bisher um Beispiele gehandelt hat, die nicht alle konzeptionell für ein Rollenspiel gedacht waren, wird hier eine Zäsur gemacht. Sie dient dazu, rückblickend Modell und Anwendungsgebiete zu vergleichen, und geht der Frage nach, wie effektiv der Einsatz des Rollenspiels sein kann.

Das vorgestellte Modell ist vielfach erprobt worden und hat sich immer dann als wirkungsvoll erwiesen, wenn die Vorlagen eine phantasievolle Beschreibung mit genauer Charakterzeichnung beinhalteten.

Das Modell ist als Motivation gedacht, an deren Ende die zielorientierte Wissensvermittlung stehen soll. Ohne dieses Ziel wäre die Durchführung bestenfalls als Animation zu verstehen. Im Kontext wird deutlich, warum diese Stufe vorgeschaltet wurde. Außerdem wäre zum Beispiel die szenische Darstellung eines Prosatextes über die Lektüre hinaus nicht denkbar, wenn nicht vorher eine Anleitung zum Rollenspiel erfolgt wäre.

Es wird immer nach demselben Grundmuster verfahren: Auswahl der Textvorlage, Schaffung eines Spielraumes, Rollenverteilung, eventuelle Weiterentwicklung der Vorlage, um verschiedenartige Lösungen aufzuzeigen, möglicherweise eine Diskussion nach dem Rollenspiel, die dazu beitragen soll, die Lerninhalte transparenter zu machen.

Die spielerische Wissensvermittlung bewirkt bei den Schülern ein besseres Verständnis für die Lösung von Problemen, gibt Impulse, fördert die Kreativität und aktiviert die Schüler, ein gestelltes Thema nicht nur verbal abzuhandeln.

Das Rollenspiel verlangt dem Schüler viel ab, und dem Lehrer werden dabei Erkenntnisse über die Verhaltensweisen der Schüler vermittelt, die schwerpunktmäßig in folgende Punkte unterteilt werden können:

a) Es können Konzentrationsmängel erkannt werden, die eintreten, wenn die Schüler den Dialog unterbrechen müssen, weil sie entweder nicht richtig zugehört oder sich den Handlungsablauf nicht richtig eingeprägt haben.

b) Der Schüler muß selbst einschätzen, inwieweit er seine Phantasie in die Rolle einbringen kann, um die Darstellung nicht zu gefährden.

c) Schüler, die ihre Dominanz in der Klasse auch in der Darstellung ausspielen, selbst wenn es sich um die kleinste Nebenrolle handelt.

d) Wenn die Typisierung eines Schülers in der Alltagswelt, sowohl innerhalb wie außerhalb der Schule, immer wieder in die Rollendarstellung eingebracht wird.

e) Die Varianten der Interpretation können wesentliche Impulse für eine Diskussion sein.

Durch die Aufführung der einzelnen Punkte wird die Bedeutung des Modells besonders auffällig.

# Theatertexte spielen

Im Gegensatz zu einigen vorhergehenden Beispielen sind Raum, Personen und Dialog in der Dramenliteratur genau festgelegt. Es muß also besonders darauf geachtet werden, daß der Schüler den Einstieg in die Rolle findet, versucht, sich mit ihr zu identifizieren und das zum Ausdruck bringt, was der Dramatiker aussagen will. Dabei werden eine sinnbetonte Sprache, Gestik und Mimik das Fundament für ein Verfahren sein, welches im Klassenzimmer angewendet werden soll und nicht für eine Aufführung gedacht ist. Hierbei werden Interpretation und Spiel eng verknüpft sein, weshalb es sinnvoll ist, auch hier mit dem vorgestellten Modell zu beginnen. Bei der anschließenden Szenenarbeit werden die Behandlung des Dialogs und der gezielte Einsatz der Körpersprache im Mittelpunkt stehen.

Verschiedene Beispiele sollen demonstrieren wie das Verfahren funktioniert:

## Sprechen

*«Faust» von Johann Wolfgang Goethe (1. Teil)*
Gretchens Gebet läßt verschiedene Versionen zu. Die entsprechendste Interpretation ist wohl, daß ehrfurchtsvoll und

emotionell gesprochen wird. Denkbar wäre aber auch, daß Gretchen das Gebet herunterleiert und damit deutlich macht, daß sie es schon oft gesprochen hat und mittlerweile auswendig kann. Oder die Regieanweisung wird mit einbezogen, und Gretchen steckt nicht vor Beginn des Gebetes frische Blumen in die Krüge, sondern während des Monologs. Dadurch ergibt sich eine stockende Sprechweise, die durch Körperbewegungen verursacht wird.

Im Klassenzimmer kann ein Stuhl das Andachtsbild markieren.

### «Hamlet» von Shakespeare (III. Aufzug / 2. Auftritt)

Da die Schauspieler bereits von Hamlet erfahren haben, wie sie ihre Rede vortragen sollen, kann es sich hier nur um letzte Anweisungen handeln. Trotzdem insistiert Hamlet auf Details. Die Situation kommt einer Probe gleich. Die beste Interpretation ist noch die, die Shakespeare wörtlich nimmt. «Paßt die Gebärde dem Wort, das Wort der Gebärde an.» Oder: «Der Natur gleichsam den Spiegel vorzuhalten ...» Der Schüler, der den Hamlet darstellt, sollte sich bemühen, ohne Unter- oder Übertreibung zu sprechen. Schließlich hat seine Sprech- und Spielweise Demonstrationscharakter. Es wäre besonders in dieser Szene fatal, wenn Hamlet nicht in der Lage wäre, das auszudrücken, was er von den Schauspielern verlangt.

Der Vorgang ist einfach zu realisieren. Entweder stehen die Schauspieler als Gruppe zusammen und Hamlet steht vor ihnen oder, was besser wäre, Hamlet würde zwischen den einzelnen Schauspielern herumgehen, sie in den Arm nehmen, ihnen die Schulter klopfen und so zum Ausdruck bringen, daß sie seine Freunde sind.

### «Der zerbrochene Krug» von Heinrich von Kleist (7. Auftritt)

Um dem Wortwitz gerecht zu werden, ist erforderlich, die Schüler zur deutlichen Aussprache anzuhalten und auf Zäsuren zu achten. Die Kontrahenten dieser Szene, Walter und Adam, müssen natürlich unterschiedlich gezeichnet sein. Walter könnte arrogant sprechen, und ihm gegenüber könnte ein Adam stehen, der etwas von einem Dorftrottel hat. In dieser Sehweise müßte der Adam herumstottern, verwirrt sein und durch sein Spiel unterstreichen, daß er die Lage nicht mehr überschauen kann.

Adam könnte sich aber auch durchtrieben und listig verhalten und durch schnelles Sprechen die Anwesenden verblüffen, während Walter gütig, väterlich, geduldig, fast mitleidsvoll den Richter auf seine Irrtümer hinweist. Dem schnellen Sprechen des Adam würde ein breites und gedehntes Sprechen gegenübergestellt. Die interpretatorische Erläuterung in der letzten Fassung würde u. U. ergeben, daß der Staat zur Visitation unfähige Personen aufs Land schickt, dargestellt durch einen langweiligen Gerichtsrat.

Die erste Version zeigt zwar das Klischeeverhalten, kann aber auf diese Weise das irreguläre Gerichtsverfahren deutlich machen. Schließlich sei noch daran erinnert, daß Kleist ein Lustspiel geschrieben hat, was die Schüler aber nicht dazu verleiten sollte, die Rollen übertrieben und albern zu spielen. Der Humor liegt in der Sprache. Sprichwörtliche Stellen wie: «So nimm Gerechtigkeit denn deinen Lauf», «Verflucht das pipsge Perlhuhn mir», «Steht nicht der Esel wie ein Ochse da», um nur einige zu zitieren, sollten nicht in einem besonderen Tonfall gesprochen werden. Die Zuschauer zum Lachen bringen kann man nur, wenn man selbst ernst bleibt.

Die Szene ist mit ein paar Möbelstücken leicht zu erstellen.

*«Don Carlos» von Friedrich Schiller (5. Akt / 10. Auftritt)*
Der Schüler, der den Großinquisitor spielt, wird durch die geschlossenen Augen nicht nur das Blindsein besser erfassen können, sondern sich auch selbst besser sprechen hören. Der König, sonst ans Befehlen gewöhnt, ist hier Gehorchender. Wer bei dieser Szene tagespolitische Aktualitäten zwischen Kirche und Staat ins Spiel bringen will, wird erkennen, daß

Überlegenheit durch bessere Argumente und keineswegs durch das Verhalten der Wortführer ausgelöst wird. So können Erkenntnisse in Bezug auf die Sprache gewonnen werden. Kardinal und König würden sich im Dialog kaum in der Sprechweise unterscheiden und sich ganz auf den Gegenstand des Gesprächs konzentrieren. Die Dramatik der Szene soll ohne sprachliche Unterstützung wirken.

Soll aber die Gewichtung verlagert werden, so daß die Kirche übermächtig erscheint, so muß der Kardinal dies auch noch in der Sprache zum Ausdruck bringen, indem er lauter, entschiedener und sicherer spricht als der König.

*«Die Ratten» von Gerhart Hauptmann (1. Akt / Szene Walburga, Frau John)*
Die Besonderheit der Szene liegt nicht nur darin, daß sich zwei Frauen aus unterschiedlichen Schichten gegenüberstehen, sondern daß ein Dialog zwischen Hochdeutsch und Berlinerisch stattfindet. Die Schülerin, die die Frau John spielt, sollte versuchen, den Dialekt so zu sprechen, wie Hauptmann ihn geschrieben hat. Wenn dabei nicht alles gelingt, so ist das unerheblich. Außerdem sollte sie vermeiden, die Stimme einer alten Frau zu kopieren. Walburga hingegen sollte in einem flotten Ton sprechen, um so auch die Jugendlichkeit herauszustellen.

Die Charakterisierung der beiden Rollen kann durch ihr Gebaren ausgedrückt werden. Walburga bewegt sich also sehr flink und Frau John etwas behäbiger.

Wo die Szene spielt und was sie beim Dialog tun, geht aus dem Text hervor. Der Raum kann mit vorhandenen Möbelstücken eingerichtet werden.

# Gestik

Die folgenden Textstellen konzentrieren sich auf den Einsatz der Körpersprache. In den meisten Fällen fehlen genaue Regieanweisungen, so daß Gänge und Gebärden nach eigener Phantasie eingebracht werden können.

*«Maria Magdalena» von Friedrich Hebbel (3. Akt / 8. Szene)*
Nachdem Klara die Flasche Wein gebracht hat, setzt sich Karl mit der Flasche auf den Boden und wiegt seinen Körper hin und her. Dies geht besonders gut bei den Stellen: «Hobeln, Sägen, Hämmern». Während des ganzen Dialogs bleibt er in dieser Position. Klara hingegen sitzt zunächst am Tisch, dann steht sie auf, geht durch den Raum und landet schließlich kniend vor dem Sessel des Vaters. Diese Stellung nimmt sie ein, wenn sie versucht zu beten. So ergibt sich folgendes Bild: Karl sitzt vorne und beschäftigt sich mit seinem Wein, er hat keinen Blickkontakt zu Klara, während diese wie ein aufgescheuchtes Huhn durch den Raum huscht, um dann an der Sessellehne zusammenzubrechen.
Die Bewegungsabläufe führen dazu, daß Karl einen entrückten und Klara einen verwirrten Eindruck hinterläßt.

*«Nathan der Weise» von Gotthold Ephraim Lessing (3. Aufzug / 7. Auftritt)*
Diese Szene, die die Ring-Parabel enthält, hat deshalb so wenig belebende Elemente, weil Nathan fast monologisierend, ohne spielerische Anhaltspunkte, seinen Text vorträgt. Dieses Defizit kann durch Gänge ausgeglichen werden. Zwei Varianten wären möglich. Entweder sitzt Saladin, und Nathan lockert den Dialog durch gezielte Gänge auf, oder beide stehen und bewegen sich wechselweise. Ein Beispiel soll verdeutlichen, was unter gezielten Gängen zu verstehen ist: Gegenstände (Pflanzen, Bilder usw.), die sich im Raum befinden, können zur Betrachtung einladen. Dieses Verfahren

setzt aber voraus, daß die Gänge fast choreographisch angelegt werden müssen. Nathan betrachtet ein Bild oder eine
Pflanze und Saladin folgt ihm in diese Position, währenddes-
sen der Dialog weitergeführt wird.

Im ersten Fall bleibt Saladin unbeweglich und Nathan
führt allein diese Gänge durch. Würden beide unbeweglich
nebeneinander stehen, könnte dies zu einem statuarischen
Ausdruck führen.

*«Bürger Schippel» von Carl Sternheim (2. Aufzug / 5. Auftritt)*
Durch die stilisierte Sprache des Autors entstehen Freiräume,
die für das Spiel genutzt werden sollten. Anhand des Monologs kann demonstriert werden, daß sogar pantomimische
Einlagen möglich sind. Nachdem Schippel das Fotoalbum
durchgeblättert hat, stellt er sich vor, daß die Verwandtschaft
nun vor ihm stehen würde, schüttelt imaginär Hände, spricht
lautlos und spielt den Schluß der Szene so, als wäre für ihn ein
Empfang veranstaltet worden.

Der häufig als Telegrammstil apostrophierte Text kann mit
diesem Verfahren auch an anderen Stellen belebter gestaltet
werden.

*«In der Sache J. Robert Oppenheimer» von Heinar Kipphardt*
Auch wenn der Autor bestritten hat, daß er ein Stück in Fra-
getechnik konzipiert hat, so gehört es dennoch zum doku-
mentarischen Theater. Zwar eignet es sich hervorragend als
Lesedrama, aber auf eine spielerische Darstellung sollte trotzdem nicht verzichtet werden. Es kann nach bereits vorgestellten Mustern vorgegangen werden. Besonderes Augenmerk
sollte man auf die Charakterisierung der Personen legen.
Oppenheimer könnte dann tatsächlich leicht gebeugt mit
schrägem Kopf, wie vom Autor verlangt, auftreten. Die proji-
zierten Texte können von einem Schüler kommentierend
gesprochen werden. Das Klassenzimmer eignet sich gut als
Raum für dieses Verhör.

*«Die neuen Leiden des jungen W.»* von Ulrich Plenzdorf *(8. Szene)*

Ein revueartiges Stück, in Drehbuchform, mit schnellem Wechsel der Schauplätze, welches sich nicht unbedingt für ein Spiel im Klassenzimmer eignet. Indem der Lehrer den Schülern erklärt, wie dieses Stück gespielt werden könnte, nämlich entweder auf einer Simultan- oder Drehbühne, kann er mit Phantasie erreichen, daß die Schüler sich die einzelnen Schauplätze vorstellen können.

Man spricht immer dann von einer Simultanbühne, wenn zwei Schauplätze zur gleichen Zeit zu sehen sind. Allerdings wird nicht gleichzeitig gespielt, sondern abwechselnd. Während auf der einen Seite gespielt wird, ist die andere verdunkelt, so daß der Zuschauer sich trotzdem immer auf einen Schauplatz konzentrieren kann. Die Anwendung dieser Bühnenform ist immer dann günstig, wenn der Umbau von der einen Szene zur anderen zu zeitaufwendig ist.

Eine Drehbühne hat einen ähnlichen Effekt. Auf einer Drehscheibe sind mehrere Schauplätze gleichzeitig aufgebaut. Während der benötigte Schauplatz zur Bühnenöffnung gedreht wird, sind die anderen Schauplätze auf dem hinteren Teil der Drehscheibe. Der Grund für diese Form ist derselbe wie bei der Simultanbühne.

Da ist es dann auch unerheblich, ob statt des Sofas drei Stühle zusammengestellt wurden oder der Garten einige Meter vom Sofa entfernt angenommen wird.

Die angegebene Schlüsselszene eignet sich besonders gut, um den Schülern die leichte Abfolge des Stückes mit ernstem Hintergrund zu demonstrieren. Außerdem lernen die Schüler bei diesem Monolog die Kunst des Entertainments kennen. Um verschiedene Schauplätze hintereinander zeigen zu können, sollte jeweils umgebaut werden.

Es wäre sogar denkbar, ausgewählte Szenen dieses Stückes und einige Passagen aus Goethes «Werther» im spielerischen Vergleich zu zeigen.

*«Die Physiker» von Friedrich Dürrenmatt (2. Akt)*
Möbius, Newton und Einstein treffen sich zum Essen. Wichtiger als der Text sind in diesem Abschnitt die Regieanmerkungen.

Es ist nachvollziehbar, wer wann wo sitzt und welche Gänge gemacht werden. Dadurch bleibt das Arrangement nicht dem Zufall überlassen, und wir können uns zum Beispiel auf Aktionen und Reaktionen der einzelnen Figuren konzentrieren. Ein Vorgang mit Spannung und Entspannung ist der, als Newton die Pistole zieht. Wörtlich heißt es:

*«Newton hält plötzlich einen Revolver in der Hand.*
Newton: *Darf ich bitten, Eisler, sich mit dem Gesicht gegen die Wand zu stellen?*
Einstein: *Aber natürlich.*
*Er schlendert gemächlich zum Kamin, legt seine Geige auf das Kaminsims, kehrt sich dann plötzlich um, einen Revolver in der Hand.»*

Diese Stelle könnte folgendermaßen ablaufen: Newton sitzt am Tisch, und hinter ihm liegt Einsteins Zimmer. Das bedeutet also, daß Einstein bei seinem Auftritt hinter dem Rücken von Newton steht. Newton muß sich also, wenn er Einstein bedrohen will, umdrehen. Bevor er dies tut, zieht er die Pistole, die zwar vom Publikum gesehen wird, aber nicht von Einstein. Dann dreht er sich hastig um, während Einstein völlig überrascht, mit der Geige in der Hand, die Arme hochhebt. So dirigiert Newton Einstein zum Kaminsims, nachdem dieser «Aber natürlich» gesagt hat. Der Zuschauer wird an dieser Stelle völlig im Unklaren gelassen, was eigentlich geschieht. Dadurch entsteht eine Spannung. In einer ebenso hastigen Bewegung wie vorher richtet Einstein jetzt seinen Revolver auf Newton. Da jetzt keiner der beiden mehr einen Vorteil hat, kommt es zur Entspannung. Beide lassen die Arme sinken, in der stillen Übereinkunft, daß die entstandene Situation überwunden ist. Sie legen die Revolver anschließend zur Seite.

Der Schauplatz ist im Unterrichtsraum mit 1 Tisch, 4 Stühlen und zwei nebeneinander stehenden Stühlen als Kaminsims herzurichten.

Ein gutes Beispiel für eine im absurden Theater vorkommende Textpassage, die gewiße Charakteristika der Rollen beschreibt, finden wir in «Endspiel» von Samuel Beckett.

*«Endspiel»*
*Samuel Beckett*

Ausgerechnet der blinde Hamm fragt den sehenden Clov wie es seinen Augen geht.
*Hamm:* Wie geht es deinen Augen?
*Clov:* Schlecht.
*Hamm:* Aber du siehst.
*Clov:* Genug.
*Hamm:* Wie geht es deinen Beinen?
*Clov:* Schlecht.
*Hamm:* Aber du läufst.
*Clov:* Hin … und her.
*Clov:* Übrigens vergißt du etwas.
*Hamm:* So?!
*Clov:* Ich kann mich nicht setzen.

Aus: Samuel Beckett, *Endspiel;* Suhrkamp, Frankfurt / Main 1976

Diese Stelle ist für den spielenden Schüler sehr wichtig, denn sie sagt etwas über den gesundheitlichen Zustand der beiden aus. Dies kann wiederum durch gestische Mittel ausgedrückt werden. Wenn zum Beispiel Clov während seiner Sätze herumläuft, so wird deutlich, daß er nicht herumläuft, um sich Bewegung zu verschaffen, sondern weil er nicht anders kann.

In diesem Moment setzt beim Zuschauer auch ein Mitleidseffekt ein. Er stuft das Gehen als eine bedauernswerte Tätigkeit ein. Hamms Hinweis auf seine eigene Blindheit ist sehr geschickt. Er sagt nicht etwa: Ich bin blind, sondern weist auf seine eigene Blindheit hin, indem er Clov nach seiner Sehkraft fragt. Ebenso verfährt Hamm mit dem Gehen. Indem er Clov nach der Befindlichkeit seiner Beine fragt, deutet er an, daß er selbst nicht gehen kann. Auch hier tritt beim Zuschauer wieder der Mitleidseffekt ein.

Für die spielenden Schüler ist es wichtig, daß sie die Sätze verstehen, bevor sie den Hamm und den Clov spielen. Diese Hilfestellung muß der Lehrer in der Vorbereitung auf das Stück geben.

*Die kahle Sängerin*
*Eugène Ionesco*
*(4. Szene)*

Mr. und Mrs. Martin sitzen sich gegenüber und beginnen folgenden Dialog:
*Mr. Martin:* Verzeihung Madame, doch es scheint mir, wenn ich mich nicht irre, als wäre ich Ihnen bereits irgendwo begegnet.
*Mrs. Martin:* Mir auch, Monsieur, mir scheint, als wäre ich Ihnen bereits irgendwo begegnet.
*Mr. Martin:* Habe ich Sie nicht zufällig in Manchester gesehen, Madame?
*Mrs. Martin:* Das wäre sehr gut möglich. Ich bin aus Manchester gebürtig. Aber ich erinnere mich nicht sehr gut, Monsieur. Ich wäre außerstande zu sagen, ob ich Sie dort gesehen habe oder nicht!
*Mr. Martin:* Mein Gott, wie seltsam! Ich bin auch aus Manchester gebürtig, Madame!
*Mrs. Martin:* Wie seltsam!
*Mr. Martin:* Wie wunderbar! ... Nur habe ich, Madame, Manchester vor ungefähr fünf Wochen verlassen.
*Mrs. Martin:* Wie sonderbar! Welch ein Zusammenspiel! Ich habe Manchester, Monsieur, auch vor ungefähr fünf Wochen verlassen!

Der Dialog wird so weitergeführt. Und zum Schluß heißt es dann:

*Mr. Martin:* In diesem Falle, chère Madame, steht es außer Zweifel: Wir haben uns bereits einmal gesehen, und Sie sind meine eigene Gattin … Elisabeth, ich habe dich wieder!
*Mrs. Martin:* Donald, bist du's, Darling!

Aus: Eugène Ionesco, *Die kahle Sängerin;* Bertelsmann Verlag, München 1985

Hier lernen die Schüler im Spiel, wie sich eine Entfremdung auswirkt, was sinnloses Geschwätz bedeutet und wie ein Dialog zum Ritual werden kann.

Nur durch das Gegenübersitzen und damit dauernde Ins-Gesicht-Schauen wird der Schluß deutlich. Diese Stelle erklärt auch anschaulich, warum das Stück an Wirkung verliert, wenn es nur gelesen wird.

Für die Schüler ist diese Situation von unschätzbarem Wert. Zweifellos ist das Darstellen von Theatertexten für den Schüler von Vorteil. Das Erziehen zum Dialog fördert die Gesprächsbereitschaft ebenso wie das konzentrierte Zuhören. Die imaginative Kraft der Rolle wirkt sich günstig auf die Selbsteinschätzung des Schülers aus. Mit der Übernahme einer Rolle werden die Grundsteine zur individuellen Entfaltung gelegt. Indem sein eigenes Ich mit dem Rollen-Ich konfrontiert wird, fragt er sich, wie er mit seinen Möglichkeiten die vorgegebene Rollenstruktur nachzeichnen kann und ob er den Rollencharakter als Idol ansehen soll. Die Einübung von mimischen und gestischen Mitteln zeigt die Parallelität zum eigenen Verhalten. Aber sie kann auch als Ventil für angestaute Emotionen dienen, die im Spiel frei geäußert werden können, weil sie ohne Sanktionen bleiben.

Der erzieherische Wert ist, daß dem Schüler nicht nur der Aufbau von dramatischen Spannungen bewußt wird, sondern daß er selbst in der Funktion Held–Antiheld zum Beispiel diese erlebt. Konnte er noch im erzieherischen Rollenspiel nach Lösungen suchen, so muß er hier lernen, die Gegebenheiten zu akzeptieren. Die räumliche Begrenzung zwingt ihn außerdem, die fiktionale Realität anzuerkennen. Dies wiederum steigert seine Assoziationsbereitschaft und bleibt auf die Entwicklung der Phantasie nicht ohne Auswirkung.

Mit jeder Übernahme einer Rolle erlebt der Schüler individuelle Gefühlsunterschiede, die bei richtiger Hilfestellung bei dem einen die Überwindung von Minderwertigkeitskomplexen bewirken kann und bei dem anderen dazu beitragen kann, Kritik zu ertragen und sich einzuordnen.

Das Erproben von einzelnen Szenen kann schließlich zu dem Wunsch nach einer Aufführung des Gesamtwerkes führen.

Da die Dramenliteratur zum Zwecke der Aufführung geschrieben wurde und eine aktive Begegnung mit dem Werk erwünscht ist, scheint es sinnvoller, einzelne Szenen spielen zu lassen, als sich auf das Lesen mit verteilten Rollen zu beschränken.

Es ist für die Werkerschließung von unschätzbarem Wert, wenn die Schüler aktiv erleben, wie sich zum Beispiel der Held im Drama bewährt, bei Konflikten eine Wertstruktur behauptet wird oder wie eine geistige Welt- und Lebensschau hinter einer sinnlichen Fassade zu erkennen ist.

So zeigt sich in der Anwendung dieses Verfahrens der pädagogische Sinn, indem der Schüler einen Weg zur individuellen Entfaltung sehen kann, eine Verstärkung der zwischenmenschlichen Beziehungen und erprobend die Gegebenheiten der Umwelt erfährt.

# Literaturhinweise

## Theorie des Spiels / Spielpädagogik

Chateau, J.: *Spiele des Kindes;* Stuttgart 1974
Flitner, A.: *Spielen – Lernen, Praxis und Deutung des Kinderspiels;* München 1972
Gold, V. / Wagner, M. / Ranftl, W. L. / Vogel, M. / Weber, I.: *Kinder spielen Konflikte;* Neuwied 1973
Huizinga, J.: *Homo Ludens;* Reinbek 1956
*Kindertheater u. Interaktionspädagogik;* Hrsg. M. Klewitz u. H. W. Nickel, Stuttgart 1972
Kursbuch 34: *Kinder;* Berlin 1973
Moreno, J. L.: *Stegreiftheater;* o. A.
Stuckenhoff, W.: *Spiel, Persönlichkeit u. Intelligenz;* Ravensburg 1975

## Rollenspiel

Barnitzky, H.: *Konfliktspiele im Unterricht;* Essen 1975
Eggert, H. / Rutschky, M.: *Literarisches Rollenspiel i. d. Schule;* Heidelberg 1978
Faber, K.: *Entscheidungs- und Rollenspiele;* Stuttgart 1974
Gerhard, U.: *Rollenspiel als Wirklichkeit;* Neuwied 1971
Goffman, E.: *Wir alle spielen Theater;* München 1969
*Hoffmanns Comic Theater;* Berlin 1974
Kochan, B.: *Rollenspiel als Methode sprachlichen und sozialen Lernens;* Kronberg / Taunus 1974
Langer, G.: *Die Rolle in Gesellschaft und Theater;* Oberwil b. Zug 1980
Leonhard, P.: *Handbuch des darstellenden Spiels;* Weinheim 1972
Mussack, E.: *Ich bin Du und er ist sie. Rollenspiele im Erziehungsfeld;* Starnberg 1974
Shaftel, F. R. / Shaftel, G.: *Rollenspiel als soziales Entscheidungstraining;* Stuttgart 1973

Wölfel, U.: *Du wärst der Pienek. Spielgeschichten;* Mühlheim a.d. Ruhr 1973

## Erfahrungsberichte / Arbeit mit Zielgruppen

Daublebsky, B.: *Spielen in der Schule;* Stuttgart 1973
Fröhlich, P. / Heilmeyer, J.: *Modell Kinderspielclub;* Köln 1974
Frommlet / Mayrhofer / Zacharias: *Eltern spielen Kinder lernen;* Reinbek 1975
Grüneisl, G.: *Spielen mit Gruppen,* Stuttgart 1974
Heer, E. u. W.: *Aktionen mit Schülern;* Weinheim 1975
Henschel, I.: *Kindertheater. Die Kunst des Spiels zwischen Phantasie und Realität,* Frankfurt / M. 1988
Hetmann, F.: *Schüler spielen Theater,* Frankfurt / M. 1981
Scherf, E.: *Aus dem Stegreif. Soziodramatische Spiele mit Arbeiterkindern.* In: Kursbuch 34
Vortisch, St. / Bachmann, H.: *Drachen gibts hier nicht / 150 Kinder spielen die Geschichte ihrer Stadt,* Frankfurt / M. 1987
Westberliner Volkstheaterkooperative: *Blumen und Märchen,* Reinbek 1974
Zacharias, W. / Mayrhofer, H.: *Aktion Spielbus,* Weinheim 1973

## Schulspiel / Theater

Amtmann, P.: *Spiel im Unterricht,* München 1965
Amtmann, P.: *Darstellendes Spiel im Deutschunterricht,* München 1965
Artaud, A.: *Das Theater und sein Double,* Frankfurt / M. 1969
Bachmann, U.: *Theatertext im Bühnenraum,* Zürich 1985
Benjamin, W.: *Ursprung des deutschen Trauerspiels,* Frankfurt / M. 1963
Berg, J.: *Von Lessing bis Kroetz,* Kronberg 1975
Bernd, Ch.: *Bewegung und Theater,* Frankfurt / M. 1988
Bräutigam, K.: *Europäische Komödien,* Frankfurt / M. 1964
Brauneck, M.: *Das deutsche Drama vom Expressionismus bis zur Gegenwart,* Bamberg 1972
Brauneck, M. / Schneilin, G.: *Theaterlexikon,* Reinbek 1986
Brauneck, M.: *Theater im 20. Jahrhundert,* Reinbek 1982
Brecht, B.: *Schriften zum Theater,* Frankfurt / M. 1962
Brecht, B.: *Kleines Organon für das Theater,* Frankfurt / M. 1965
Bubner / Mienert: *Bausteine des Darstellenden Spiels,* Frankfurt / M. 1979
Büttner, L.: *Das europäische Drama von Ibsen bis Zuckmayer,* Frankfurt o. J.

Crumbach, F.H.: *Die Struktur des epischen Theaters*, Braunschweig 1973

Denkler, H.: *Drama des Expressionismus*, München 1967

Dickhoff, C.: *Probenarbeit. Dokumentation u. Analyse eines künstl. Prozesses*, München 1984

Dietrich, M./Stefanek, P.: *Deutsche Dramaturgie von Gryphius bis Brecht*, München 1965

Dietrich, M.: *Das moderne Drama*, Stuttgart 1963

Dormagen, P.: *Handbuch zur modernen Literatur im Deutschunterricht*, Frankfurt/M. 1967

Dorpus, H.: *Regie im Schul- und Jugendtheater*, Weinheim 1970

Dürrenmatt, F.: *Theaterprobleme*, Zürich 1955

Esslin, M.: *Das Theater des Absurden*, Reinbek 1965

Esslin, M.: *Brecht, das Paradoxe des politischen Dichters*, Frankfurt/M. 1962

Fiebach, J./Schramm, H.: *Kreativität und Dialog;* Berlin 1983

Fischer-Lichte, E.: *Drama und Inszenierung;* Tübingen 1985

Fohrbeck, K.: *Renaissance der Mäzene;* Köln 1988

Geiger, H.: *Aspekte des Dramas;* Düsseldorf 1973

Geißler, R.: *Zur Interpretation des modernen Dramas;* Frankfurt/M. 1971

Giffei, H.: *Theater machen, Ein Handbuch f. d. Amateur- u. Schulbühne;* Ravensburg, o.J.

Gründgens G.: *Wirklichkeit des Theaters;* Suhrkamp, o. J.

Haven, H.: *Darstellendes Spiel;* Düsseldorf 1970

Hein, J.: *Theater und Gesellschaft, Das Volksstück im 19. und 20. Jahrh.;* Düsseldorf 1973

Hensel, G.: *Spielplan;* Frankfurt/M. 1975

Hensel, G.: *Das Theater der siebziger Jahre;* Stuttgart 1980

Hinck, W.: *Das moderne Drama in Deutschland;* Göttingen 1973

Hüfner, A.: *Straßentheater;* Frankfurt/M. 1970

Kesting, M.: *Das epische Theater;* Stuttgart 1972

Klotz, V.: *Geschlossene und offene Form im Drama;* München 1970

Koch, G.: *Lernen mit Brecht;* Frankfurt/M. 1988

Kott, J.: *Spektakel Spektakel;* München 1972

Kunz/Marchetti: *Arlecchino + Co.;* Zug 1985

Kutscher, A.: *Die Elemente des Theaters;* Düsseldorf 1932

Kutscher, A.: *Grundriß der Theaterwissenschaft;* München 1949

Lesky, A.: *Die griechische Tragödie;* Stuttgart 1964

Linke, M.: *Theater 1967–82;* Berlin 1983

Lutz, E.J.: *Das Schulspiel;* München 1957

Mainusch, H.: *Regie und Interpretation;* München 1985

Mann, O.: *Poetik der Tragödie;* Bern 1958

Mann, O.: *Geschichte des deutschen Dramas;* Stuttgart 1969

Melchinger, S.: *Theater der Gegenwart;* Frankfurt / M. 1956
Melchinger, S.: *Drama zwischen Shaw und Brecht;* Bremen 1957
Melchinger, S.: *Geschichte des politischen Theaters;* Velber 1971
Mennemeier, F. N.: *Modernes Deutsches Drama Band 1;* Stuttgart 1979
Mennemeier, F. N.: *Modernes Deutsches Drama Band 2;* Stuttgart 1975
Mühlbauer, W.: *Die Bühnenwelt des expressionistischen Dramas;*
   Diss., Wien 1962
Müller, H.: *Moderne Dramaturgie;* Frankfurt / M. 1967
Müller, H.: *Dramatische Werke im Deutschunterricht;* Stuttgart 1971
Müller, W.: *Körpertheater und Commedia dell'arte;* München 1984
Nöth, W.: *Strukturen des Happenings;* Hildesheim 1972
Piscator, E.: *Die Eröffnung des politischen Zeitalters auf dem Theater;*
   Frankfurt / M. 1982
Piscator, E.: *Das ABC des Theaters;* Berlin 1984
Pörtner, P.: *Experiment Theater;* Zürich 1960
Pörtner, P.: *Spontanes Theater;* Köln 1972
Quint-Wegemund, U.: *Das Theater des Absurden auf der Bühne und im*
   *Spiegel der literaturwissenschaftlichen Kritik;* Frankfurt / M. 1983
Rischbieter, H.: *Theater im Umbruch;* München 1970
Rühle, G.: *Anarchie in der Regie?;* Frankfurt / M. 1982
Rühle, G.: *Zeit und Theater,* 2 Bde.; Berlin 1972–73
Rühle, J.: *Theater und Revolution;* München 1963
Rühle, J.: *Das gefesselte Theater;* Köln 1957
Scheuerl, H.: *Das Spiel, Untersuchungen über sein Wesen, seine pädago-*
   *gischen Möglichkeiten und Grenzen;* Weinheim 1962
Schillemeit, J.: *Interpretationen II. Deutsche Dramen von Gryphius bis*
   *Brecht;* Frankfurt / M. 1965
Schnetz, D.: *Der moderne Einakter;* Bern 1967
Steffen, H.: *Das deutsche Lustspiel;* Göttingen 1968
Steiner, G.: *Der Tod der Tragödie;* München 1962
Steinmann, S.: *Sprache, Handlung, Wirklichkeit im deutschen Gegen-*
   *wartsdrama;* Frankfurt / M. 1985
Steinweg, R.: *Das Lehrstück;* Stuttgart 1972
Stocker, E.: *Die dramatischen Formen in didaktischer Sicht;* Donau-
   wörth 1972
Soubeyran, J.: *Die wortlose Sprache;* Zürich 1985
Szondi, P.: *Versuch über das Tragische;* Frankfurt / M. 1961
Szondi, P.: *Theorie des modernen Dramas;* Frankfurt / M. 1969
Weisgram, W.: *Die Theatralisierung des Ästhetischen;* Wien 1982
Wendt, E.: *Moderne Dramaturgie;* Frankfurt / M. 1974
Weskamp, B.: *Drama als Interaktion;* Europäische Hochschulschriften
   Reihe 14 / Bd. 161, Frankfurt / M. 1986
Wiese, B. v.: *Das deutsche Drama;* Düsseldorf 1958
Wekwerth, M.: *Theater und Wissenschaft;* München 1974